AF276101

La Venus de Botticelli
Entre lo mundano y lo ideal

Frederic Chordá

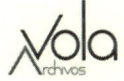

www.archivosvola.es

removiendo el acervo

Gráficos de Frederic Chordá, Eduard Montané Balagué
y Carles Chordá Buendía

ISBN: 978-84-129819-7-1
Depósito legal: M-7928-2025

Impreso en España

Índice

La Venus de Botticelli
Entre lo mundano y lo ideal

1. Contexto

Sandro Botticelli (1445-1510) pintó *El Nacimiento de Venus* hacia 1484-1486 (lám. I), y también otras pinturas mitológicas, para los Médicis, la familia que gobernaba Florencia entonces; era uno de los estados en que se dividía Italia, al Oeste de la península, con salida a la costa mediterránea; fue durante el *Quattrocento* (el siglo XV), la primera etapa del Renacimiento. Éste es un movimiento que propone una vuelta a los patrones literarios, filosóficos y artísticos de la Antigüedad Clásica, considerados el modelo insuperable a seguir, dentro del que ha de transcurrir la vida cultural.

Botticelli nació en una familia de artesanos lo que le permitió un pronto conocimiento del mundo artístico de Florencia, al estar en relación los varios oficios, para completar los diferentes aspectos de los encargos decorativos que hacían los clientes más ricos. Empezó a formarse como orfebre, valorando del oficio el valor del detalle y la filigrana, línea larga y caligráfica, pero enseguida pasó a la pintura. La mayoría de sus clientes le pidieron obras de asunto religioso, valorándose en su época mucho sus Madonas con el Niño Jesús, y obras como *El Nacimiento de Venus* son casi la excepción, aunque son las que más interesan hoy. También, pintó estandartes, colgaduras y baldaquinos (uno fue para Orsanmichele, en Florencia), especie de dosel que corona un altar.

Estuvo protegido por los Médicis y trabajó para el Papa Sixto IV (1471-1484); pudo estar vinculado a Savonarola (1452-1498), un exigente y austero fraile que predicaba el fin del mundo, y que gobernó Florencia (1494-1498) después de la expulsión de los Médicis, siendo finalmente eliminado, instaurándose entonces una República, hasta la vuelta de los Médicis en 1512. Savonarola hizo una hoguera de las vanidades (1497) para que ardiera todo lo lujoso, accesorio o mundano que había en Florencia. Se ha dicho que Botticelli echó allí al fuego algunas de sus obras mitológicas.

Tuvo una colaboración muy fecunda con Marsilio Ficino, de quien aprendió la doctrina platónica, aplicándola a la composición de algunos de sus cuadros de asunto clásico, como *El Nacimiento de Venus*. No tenía una educación propiamente literaria, pero siguió con el mayor interés la aparición del Neoplatonismo que se dio en la Florencia Humanista del *Quattrocento*. Entre los dos tejieron la estructura de sus composiciones neoplatónicas. Si Ficino aportó las ideas, Botticelli les dio una expresión insuperable, en la que todo, lugares, modelos, gestos y expresiones, existe sólo para plasmar oportunamente el espíritu platónico, poniendo en imágenes el pensamiento de Ficino. En efecto, éste es el que proporcionó a Botticelli los mimbres conceptuales con los que compuso sus cuadros. Hoy, su obra sólo se valora literariamente, pero en su época sus ideas fueron consideradas por su valor en sí mismas.

A la vez, el pintor fue un prodigioso lector de *La Divina Comedia* (1304-1321), de Dante (1265-1321), haciendo un conjunto de dibujos para ilustrar una edición que se estaba preparando de ese libro; queda así constancia de su cultura, siendo mucho más que un simple artesano que pusiera sus pinceles al servicio de su cliente; fue un artista ilustrado, como Leonardo (1452-1519), con quien llegó a compartir taller, o Alberti (1404-1472).

Por otra parte, Botticelli pintó sus cuadros mitológicos aplicando las estructuras de composición y presentando los sentimientos hasta entonces reservados al arte religioso, abriendo vías expresivas nuevas para el arte secular, que irá desarrollándose desde el Renacimiento en detrimento del de Iglesia.

A veces, en esas imágenes Botticelli practicó la écfrasis, dando forma visual a historias o ideas presentadas por la literatura clásica en mitos, alegorías o poemas, como mostraré más adelante.

Con el cambio de siglo, llegando nuevos gustos, pasó de moda y murió olvidado. Su obra también dejó de interesar, hasta el siglo XIX. Entonces fue valorado por parte de los Prerrafaelitas (hacia 1850), un movimiento artístico renovador inglés, contrario a la fealdad impuesta por los primeros productos industriales, mal diseñados, y antiacadémico, atrayendo desde entonces cada vez más interés por parte del público. Hoy, *El Nacimiento de Venus* es uno de los iconos más importantes de la cultura occidental, presente en tantas imágenes, y explotado en logos, anuncios y *revivals*, como expresión de la belleza femenina sublime.

Significativamente, es uno de los primeros artistas de los que hay biografía, incluida por Giorgio Vasari (1511-1574) en sus *Vidas de Artistas* (1550, 1568), testimonio de la fama que tuvo en vida. Allí, además de referir y valorar su obra, se dan algunos rasgos de su carácter: desasosegado y extravagante; en algunas épocas no trabajó *y se produjo gran desorden en su vida; como no tenía renta, se vio envuelto en las más serias dificultades; fue muy pobre en su vejez, y si no le hubieran ayudado sus amigos y muchos hombres ricos que admiraban su arte, se habría prácticamente muerto de hambre.* Por otra parte, *había sido alegre y siempre gastaba bromas a sus aprendices y amigos. Ganó muchísimo dinero, pero todo lo derrochó debido a su negligencia y desmesura. Cuando llegó a viejo e inútil, tuvo que caminar valiéndose de dos muletas, pues no podía mantenerse de pie, y en este esta-*

do de decrepitud murió a la edad de setenta y ocho años, siendo enterrado en Ognissanti (iglesia de Florencia), en el año 1515 (fecha distinta de la generalmente aceptada).

También, Vasari es el primero en dar referencias de las obras mitológicas y precisamente del *Nacimiento de Venus*: *Hizo un buen número de desnudos femeninos, dos de los cuales se encuentran actualmente* (hacia 1550) *en Castello, en la villa del Duque Cosme* (de Médicis). Uno es el *Nacimiento de Venus, empujada hacia la tierra por el soplo de las brisas, con cupidos; la otra es también una Venus en compañía de las Gracias, que la cubren de flores, representando la primavera, expresada por el pintor con mucha gracia.*

En cuanto al estilo, el de Botticelli proviene de la pintura florentina del *Quattrocento*, delicado, caligráfico y sereno. El pintor en la maduración de su manera incorpora rasgos que resultan únicos de su obra. Así, en *El Nacimiento de Venus*, notamos su gusto por la línea caligráfica nítida, casi una filigrana, consecuente con su formación de orfebre, de carácter esteticista: resulta una manera muy delicada, íntima y elegante, expresándose con gran refinamiento gestos, rostros y cuerpos. A la vez, hay una insólita síntesis de tensión y delicadeza muy característica. Le gusta expresar la belleza serena, y, tal vez, sus figuras pueden resultar de fascinante ambigüedad.

A la vez, el pintor se interesa por la captación del movimiento, considerado un rasgo esencial del admirado arte clásico, y sus personajes nunca dejan de moverse; los paños ayudan, con sus vuelos y caídas, a esa expresión dinámica.

Botticelli crea un tipo florentino de ser humano que vive en sus cuadros, más allá de los rasgos concretos de cada modelo, como un carácter casi étnico que se reconoce en sus obras.

Posiblemente, los atuendos de sus personajes provienen de su experiencia en el diseño textil y los disfraces de las fiestas que la buena sociedad florentina se daba, para encarnar, en creaciones más o menos teatrales, sujetos mitológicos.

Al final de su vida deja esos programas y trabaja menos, impregnando sus figuras religiosas de un intenso patetismo, incluso descartando su exquisita elegancia, y olvidando la expresión de su amable gracia, prefiriendo un estilo más tradicional.

Hay algunos modelos en sus cuadros que podrían ser retratos de sí mismo, como en la *Adoración de los Magos* (1475, Galería de los Uffizzi), mostrando ahí una actitud distante (figura 1).

Por su parte, Marsilio Ficino (1433-1499) fue un sacerdote y filósofo florentino; era hijo del médico de los Médicis. Estudió Medicina, en varias universidades de Italia, pero se dedicó a la Filosofía y Teología; era del círculo familiar y cortesano de los Médicis y fue profesor de los niños y jóvenes de esa familia.

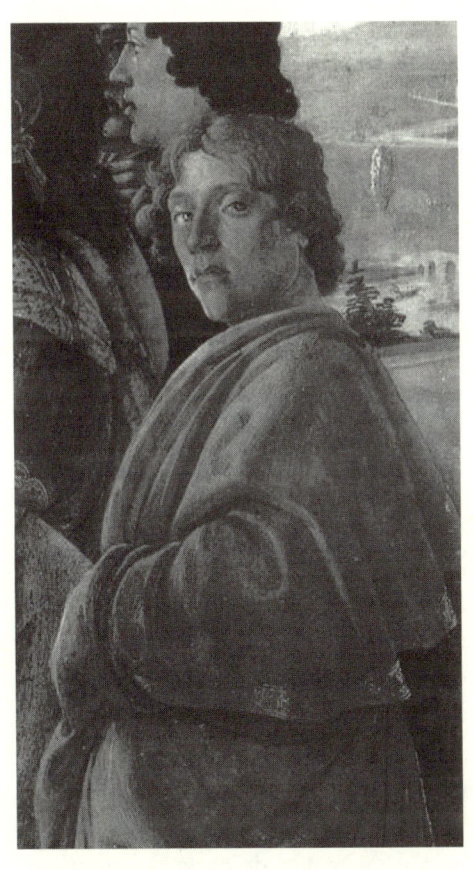

1. Sandro Botticelli, *Adoración de los Magos*,1475,
temple sobre tabla, 111 x 134 cm,
Galería de los Uffizi, Florencia.
Detalle con el supuesto autorretrato del pintor.

Para los Médicis, la acción de gobierno incluía acciones de carácter administrativo, diplomático, económico o militar, y dando también mucha importancia a la cultura. El cultivo de las letras y las artes servía para la propaganda y cimentaba la fama de la dinastía, incluyendo la voluntad de permanecer en el recuerdo de las generaciones futuras por su dedicación a los aspectos más delicados de la vida. Para los Médicis la obra cultural tenía una importancia análoga a la carrera espacial que, hoy, impulsan los gobiernos más poderosos para mostrar que se encuentran a la vanguardia del conocimiento, y a un nivel más alto que los otros.

Siguiendo sus deseos, y como una parte de su innovadora política cultural y propagandística, al servicio de esa fama, Ficino tradujo del griego al latín los *Diálogos* de Platón (ca. 427- ca. 347) (impresos en 1484, habiendo completado su versión bastante antes, hacia 1469). Dio muchas conferencias en Florencia para presentar las ideas platónicas, entonces innovadoras, y escribió comentarios para guiar a los que leían los *Diálogos* de Platón; en ellos encontramos ideas también presentes en el cuadro.

Fue ordenado sacerdote en 1473, recibiendo varios beneficios eclesiásticos, que conllevaban servicios religiosos en iglesias y también rentas, de parte de sus protectores los Médicis; en 1487, alcanzó la dignidad de canónigo de la Catedral de Florencia, siendo muy elogiado por sus pláticas. Tuvo relaciones con las mentes más abiertas al Renacimiento en Italia, y también en otros lugares de Europa. Siendo muy admirado por los Médicis, éstos le regalaron una casa en el campo cerca de Florencia, en Careggi, donde vivía; allí mantenía un círculo de amigos y filósofos, formando una Academia que se consideraba sucesora de aquella que Platón había fundado en la antigua Atenas.

Entre 1489 y 1490, fue investigado por la Inquisición por sus comentarios astrológicos, al considerar la Iglesia herética la supuesta predicción que hizo en su *Tres Libros de la Vida* (1489) acerca de los hechos futuros, consiguiendo sus amigos que el caso se cerrara sin consecuencias. Escribió una *Teología Platónica de la Inmortalidad de las Almas* (1474, publicada en 1482), en 18 libros, que tuvo una gran influencia en toda Europa, hasta la llegada de la Revolución Científica, en el siglo XVII, puesto que las ideas de Ficino son claramente tradicionales o premodernas. En ella trató de la estructura material del mundo y de la unión de las diferentes partes entre sí, de la relación del alma con Dios, y también de la inmortalidad del alma individual, cuestionada por Pomponazzi (1462-1525). Hubo discusiones acerca de ello entre teólogos, por lo que se convocó el Concilio V de Letrán (1512-1517), estableciéndose como dogma de la Iglesia que no existe solamente un intelecto o espíritu unitario para todos, por la convicción de formar parte de un cuerpo místico, sino que, además, cada persona tiene su propia alma inmortal.

El hecho puede incluirse dentro de la afirmación del Ser Humano como sujeto e individuo, que se da en el Renacimiento, y que ha ido robusteciéndose hasta llegar al énfasis en la persona individual propia de nuestro mundo moderno. En la obra Ficino justifica sus conclusiones no solamente recurriendo a la autoridad de la Biblia y de los autores tradicionalmente reconocidos, como los Padres de la Iglesia, especialmente San Agustín (354-430) y también Santo Tomás de Aquino (1224-1274), que escribió siguiendo las pautas de la Escolástica, entre otros; además, por primera vez, hace referencia a Platón y a otros escritores antiguos, como Proclo (412-485) y Plotino (205-270), ampliando el horizonte de reflexión teológico; así, incluye, con espíritu humanista, los autores clásicos en el pensamiento religioso cristiano, en una perspectiva muy innovadora.

Marsilio Ficino se escribía con sus muchos amigos, protectores y alumnos, y los doce libros de sus cartas fueron publicadas, ya durante su vida; nos permiten acceder a su pensamiento más personal y apreciar algunos de sus rasgos de carácter, como su finura espiritual, y la levedad de su estilo, en el que los sentimientos de afecto por sus corresponsales están siempre muy presentes. También se nota la imprescindible sutileza que es necesaria al cortesano, para llevarse bien con todos, y que contribuiría a su valoración por parte de sus protectores, los Médicis.

Sabemos que cantaba muy bien, acompañándose de la lira, una arpa pequeña; no era alto, de buena proporción, y aspecto agradable, muy amable y delicado y en alguna época (1468) cayó en una profunda melancolía, venciendo sus dificultades con su dedicación al trabajo intelectual. Nos han llegado varios retratos de él, presentado como un sabio, por parte de diferentes artistas, como Guirlandajo (1449-1494); Andrea Ferrucci (1465-1526) esculpió su cabeza y busto, que está en la Catedral de Florencia (figura 2). Su biógrafo Giovanni Corsi, nos dice que *era bajo, delgado, con los hombros algo caídos, echados hacia adelante. Hablaba como si dudara un poco, y arrastraba las eses. Por otra parte, era agraciado, de miembros bien proporcionados. El conjunto de su aspecto resultaba gracioso y delicado. Era rubicundo de piel y el cabello rubio y rizado le enmarcaba la cara. Tenía buen carácter, aunque a veces, movido por la bilis, pudiera tener algún pronto de cólera, que rápidamente pasaba como la luz de un relámpago. Olvidaba los ataques sin dificultad. Nunca dejaba de lado sus obligaciones. No tuvo un carácter sensual, pero sí raptos amorosos, como Sócrates, y entonces le gustaba hablar y discutir sobre el amor con jóvenes, a la manera socrática. Vistió con sencillez toda la vida y también su casa estuvo puesta con simplicidad. Tenía buen gusto, sin extravagancias, porque de ningún modo era caprichoso. Se ceñía a las necesidades de la vida y, aunque comía frugalmente, bebía los mejores vinos.*

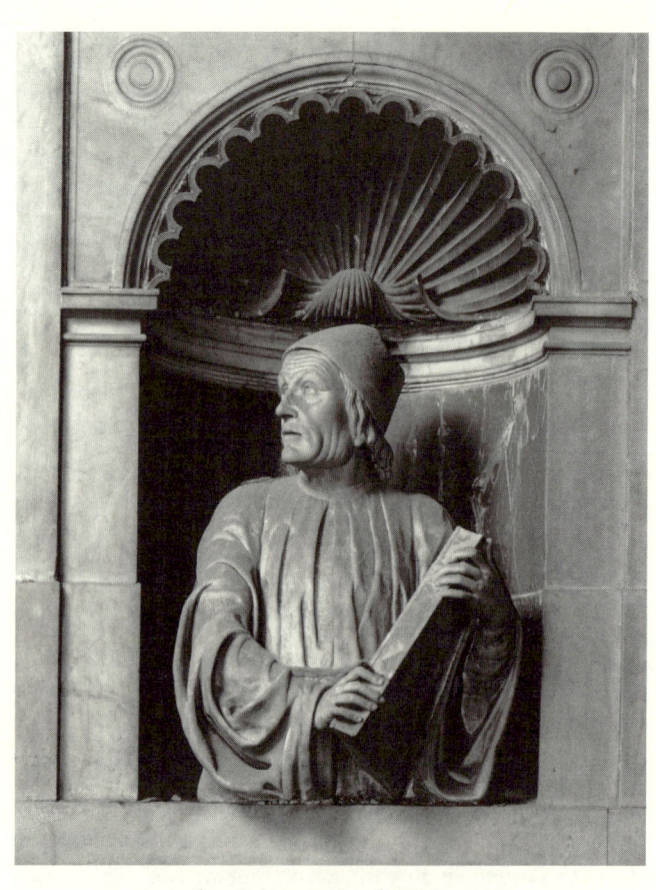

2. Andrea Ferrucci, *Marsilio Ficino*, 1521,
mármol tallado, Catedral de Florencia.
Lleva su traducción de los *Diálogos*, de Platón,
como una lira, instrumento que tocaba muy bien.

Los escritos de Ficino son esenciales para captar de qué modo su ideario platónico sobre el origen del mundo material dio forma a *El Nacimiento de Venus*, de Botticelli. En efecto, Ficino puso la Filosofía de Platón al alcance de los europeos de su época. Hasta ese momento, y durante buena parte de la Edad Media, el filósofo más importante había sido Aristóteles (384-322 a. de C.). La difusión del pensamiento de Platón determinó el resurgimiento del Neoplatonismo, movimiento aparecido al término de la Antigüedad, muy influyente en la segunda mitad del *Quattrocento*. Esta corriente, partiendo del pensamiento de Platón, da una visión idealizada de la realidad, incorporando elementos ajenos al pensamiento del filósofo que, entre otras cosas, explican el origen del mundo de forma diferente a la Biblia y la Iglesia. La llegada del Neoplatonismo también propiciará una nueva definición de algunos conceptos, como el de la libertad humana y el valor del individuo, y el carácter central del Ser Humano en el mundo. Así, empieza la crisis del pensamiento medieval, de naturaleza eminentemente religiosa, y el inicio de la modernidad, secular, que es el período en el que vivimos. Precisamente, Ficino hará una de las afirmaciones más importantes del mundo moderno al decir insistentemente, mediante largas exposiciones, que *nuestro mayor bien es la libertad* (*Teología Platónica*, vol. 3, l(ibro) IX, c(apítulo) IV, n(úmero) 19, p. 55), o aún que *por nuestra naturaleza indi-*

vidual somos completamente libres y desligados de vínculos, y tomamos una u otra dirección por nuestra elección (*Ib.*, vol. 4, l. XIII, c. II, n. 19, p. 143).

Por otra parte, hay que tener en cuenta que el pensamiento de los siglos XII a XV había estado dominado por la Teología Escolástica; fue un movimiento religioso de carácter muy lógico, desarrollando un pensamiento de expresión muy articulada, mediante proposiciones vinculadas entre sí, que ya no decía nada en la época de Botticelli, a fines del XV. En ese momento se reavivó el interés por los escritores cristianos de los primeros siglos (III a X) y conocidos como Padres de la Iglesia, que reflexionaban directamente sobre la Biblia, como San Agustín (354-430), que contribuyó a la difusión del platonismo. También fueron apareciendo libros que trataban de asuntos más allá del ámbito religioso, acerca del Derecho, la Física y las Matemáticas, la Historia y la Poesía, entre muchos otros. En el XV este movimiento secular y civil, va creciendo, y adquiere carta de naturaleza, disputando el monopolio cultural de la Religión y la Iglesia.

Todo ello lleva a la expresión de un momento histórico nuevo en todas las áreas (cultura, política, experiencia religiosa...); coincide con el crecimiento de la economía manufacturera y comercial, más allá de la agricultura, también la expansión del ámbito territorial europeo por los descubrimientos geográficos, y abre paso al Renacimiento.

Además, estaban los que deseaban una experiencia religiosa más próxima a Dios que la ofrecida por la Iglesia, que la mediatizaba mediante el clero, a menudo poco sensible a esta necesidad y de vida poco edificante; es un momento ya muy próximo al inicio de la Reforma Protestante (1517), y los cambios que llegarían pudieran expresarse también confusa y anticipadamente mediante las inquietudes religiosas de los humanistas. Por ejemplo, algunos quieren que la vivencia de Dios sea como la de la naturaleza, volviendo a una religiosidad natural, alejándose de la Iglesia. Ésta es una tendencia de las religiones más antiguas, antes de la formalización que se dará en el pensamiento judío, griego y cristiano: en ese estadio el Cosmos aparece como animado por espíritus y los Humanos se esfuerzan por penetrar su misterio. Se trata de una tendencia que se ha dado en muchas épocas, por ejemplo ahora a partir del movimiento ecologista, y que es muy característica del Renacimiento.

También cambia la relación con la naturaleza, puesto que al ocupar el Ser Humano el centro y medida de todas las cosas, se considera que reina sobre los Elementos: Fuego, Tierra, Aire y Agua, las substancias primeras del mundo material, puesto que en la época no se conocía nuestra diferenciación de la materia en los tres estados de sólida, líquida y gaseosa. Asimismo, se configurará una observación y reflexión de la naturaleza que llevará, ya en el XVII, a la definición de nuestro vigente método científico, y la Revolución Científica y Técnica.

Todo ello se expresa en el Humanismo, movimiento que se interesa por la cultura de la Antigüedad griega y romana en el aspecto literario y de las ideas. La tendencia surge en Italia y se expande por Europa, influyendo en las artes visuales y llevando al Renacimiento.

Así pues, la nueva mentalidad es un conglomerado, no siempre sólidamente trabado, de elementos muy diversos; éstos, con un carácter caleidoscópico, poniendo en relación ideas bien diferentes, a veces con resultados sorprendentes, se reflejarán en *El Nacimiento de Venus*.

2. Mirando el cuadro

Se trata de un cuadro grande (lám. I), de casi tres metros de ancho por dos de alto (278'5 X 172,5 cm.), pintado al temple sobre tela, técnica entonces muy tradicional empezando a quedar desplazada por el óleo, que permite efectos y colores más vivos. En la pintura al temple el color molido se disuelve en agua a la que se añade una determinada cola como aglutinante (animal, vegetal, huevo…), en función de las necesidades del artista, que fijará el pigmento al soporte (tela o madera) cuando se seque.

Se hizo para los Médicis, posiblemente para dos jóvenes hermanos huérfanos de la familia, sobrinos de Lorenzo el Magnífico: Lorenzo (1458-1503) y Juan (1467-1498) di Pierfrancesco de Médicis; cuando se pintó Lorenzo sería un veinteañero y Juan, un muchacho de unos 18 años: se trataba de dos jóvenes capaces de estudiar la doctrina platónica.

En efecto, Liana Cheney considera que Lorenzo de Médicis pudo encargar a Botticelli esos cuadros mitológicos para presentar ideas de Platón. Marsilio Ficino, que había traducido los *Diálogos* del filósofo y daba charlas sobre Platón, sería quien ayudaría al artista, hombre muy sensible y cultivado, buen lector, un *artifex doctus* (artesano cultivado), como otros del Renacimiento; entre los dos establecieron la estructura de la composición para presentar esas historias, inventando un concepto, o iconografía, muy original y específico para cada una de esas pinturas, según dice Ernst Gombrich (1909-2001). En efecto, Lorenzo había sido el tutor de esos dos sobrinos suyos huérfanos. Los jóvenes habían estado bajo la tutela de Giorgio Antonio Vespucci (1434-1514), ferviente Neoplatónico y buen amigo de Ficino, y eran muy ricos, más que Lorenzo, que ocasionalmente, con permiso de los albaceas, tomó prestado dinero del patrimonio de ellos.

Así pues, *El Nacimiento de Venus* y *La Primavera* (lám. IV) serían un *ejercicio pedagógico*, en la expresión de Gom-

brich, para ilustrar, la filosofía de Platón de forma agradable y visual; Ficino aprovecharía sus habilidades como pre-
dicador catequético, que enseña la doctrina, para difundir
el pensamiento filosófico; abona ese argumento que las
pinturas habían estado en Villa Castello, muy cerca de
Florencia, en la que habían vivido los dos hermanos de
jóvenes; allí los vio Vasari, según cuenta en su biografía de
Botticelli. Después aparecen en otros lugares, según los
sucesivos inventarios de bienes, hechos en ocasión de
bodas o particiones testamentarias; siempre son propiedades de los Médicis, que fueron quienes los encargaron, y los
tuvieron en sus casas. El *Nacimiento* entró en la Galería de
los Uffizzi de Florencia, en 1815 (núm. cat. 878), en el
momento en que empiezan a establecerse los diferentes
museos nacionales, por considerarse la cultura un bien
para todo el pueblo.

En el cuadro, hay una costa ondulada, con cabos y golfos,
verde y con árboles; el mar está rizado, en un día radiante.
En el centro está la diosa Venus, una mujer joven, de belleza nunca vista, desnuda, con una larga cabellera roja que
sujeta con su izquierda, sobre el pubis; con la otra mano se
tapa el pecho; está puesta sobre la charnela de una concha,
como si no pesara, ingrávida; su expresión es ensoñadora y
no hace nada. Desde los lados, se le acercan varios personajes. A la izquierda hay dos, volando; uno es decidido, de
pelo oscuro, lleva un manto azul y sopla con fuerza sobre

Venus, hinchando los carrillos; a éste se le abraza otro, delicado, rubio, envuelto en una tela marrón, que echa el aliento suavemente sobre la diosa. Desde la derecha se acerca con determinación una mujer que lleva un vestido con flores, ceñido con ramas de ranúnculos florecidas. Con las manos sujeta una capa marrón también con flores, para cubrir a Venus. En la parte de abajo, de izquierda a derecha, hay un río estrecho, que va a dar al mar, formándose ahí un remolino y se hace espuma junto a la concha.

En la pintura está el estilo de la época, con una combinación de gracia delicada y contención, presentando en movimiento todos los modelos y cosas: unos soplan, otra se apresura a cubrir a la del centro, que levita ingrávida, mientras que las aguas corren, se rizan, baten o arremolinan.

La estructura de composición destaca al personaje central, al que los otros se acercan. Se trata de una imagen muy innovadora para su época: nunca se había hecho en Europa nada parecido. Según Gombrich, que en 1945 publicó un importante estudio sobre la obra puesto en castellano en 1994, Botticelli podría aquí haber adaptado el esquema de composición que se usaba para representar el *Bautismo de Cristo*; se trata de un asunto que se pintaba a menudo, en el que, a un lado, San Juan Bautista vierte agua sobre la cabeza de Cristo, que ha entrado en las aguas del río Jordán, y al otro, dos ángeles sostienen sus vestidos. Cheney ha propuesto como modelo directo el cuadro que Verrocchio (1435-1488) pintó en 1472-1475 (lám. V). Así pues, Botticelli habría adaptado una historia cristiana, religiosa, para presentar una diosa de otra religión, la griega y romana.

Por otra parte, destaca el gran tamaño de la tela, que permite hacer personajes de dimensiones naturales, aumentando su efecto, que se reservaba para los grandes asuntos de la Historia Sagrada, y para exponer en las iglesias.

De este modo, el modelo es religioso, y la temática mitológica, sin que se dé contradicción entre ambas circunstancias. Sucedía que los humanistas deseaban ampliar la doctrina cristiana con las ideas de la cultura clásica que ellos estaban descubriendo y les fascinaba. Es un momento de inquietud religiosa tan intensa, que llevará a la Reforma protestante y a la división de la Cristiandad. Se quería incorporar conceptos nuevos, ensanchando el horizonte del conocimiento, considerando que las diferentes ideas y experiencias, de épocas, lugares y culturas dispersas, podían armonizarse puesto que compartirían una misma fuente y semilla de verdad. Así, la cultura toma un carácter sincrético (armonizando cosas muy distintas, de forma globalizadora). Siempre se consideraba que la religión cristiana era la forma superior y universal, de entre los diversos credos, aun cuando todos pudieran, de algún modo no articulado hasta entonces, concertarse.

Concretamente, los pensadores de la época, entre ellos Marsilio Ficino, desean integrar en el pensamiento propiamente religioso que van configurando, esas ideas de otras sociedades (sabiduría egipcia, pensamiento persa, revelaciones de los brahmanes de la India, filosofía griega...).

Volviendo a los distintos caracteres del cuadro, se ha señalado que el central, Venus, se toma de una representación de la época greco-romana de la que nos han llegado muchos ejemplos. Se trata del *Baño de Venus*, que fue muy popular principalmente en la región de Asia Menor (las costas mediterráneas de Anatolia, la actual Turquía): la diosa sale del agua (en Griego, *anadiómena*), desnuda, recuperando su virginidad, expresando así plástica y poéticamente el mito de la renovación anual de la naturaleza que recomienza a cada primavera; hay muchas variantes y ésta del cuadro incorpora un elemento erótico propio de la cultura de la región en la que surge el tipo, que se añade al mito griego: sorprendida por alguna mirada impertinente, intenta, sin llegar a conseguirlo bien, cubrir sus partes más íntimas. Los Médicis habían comprado, en 1371, una escultura de ese modelo, que Botticelli conocería; de otra parte, él habría visto en Roma la *Venus en el Baño*, de Menofanto (no se conoce el tiempo de su vida) (figura 3), muy apreciada entonces, en 1481, cuando el Papa Sixto IV lo llamó para pintar unas escenas bíblicas en las paredes de la Capilla Sixtina.

Asimismo, se ha comentado el parecido de los vuelos de los modelos del lado izquierdo con los que hay en la *Tazza*

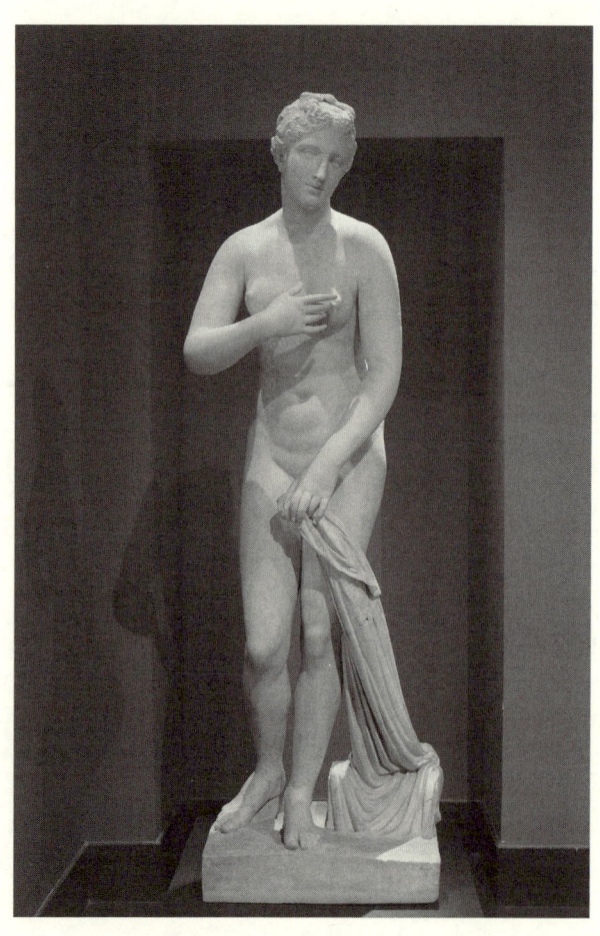

3. Menofanto, *El Baño de Venus*, siglo I a. C.,
mármol tallado, Museo Nacional Romano, Roma.

Farnese (figura 4), que era también propiedad de los Médicis en aquel momento, obra de época romana. Aún, diferentes autores han hecho referencia a otras obras de Arte clásicas como punto de partida de la mujer que, desde la derecha, camina hacia Venus, llevando una capa.

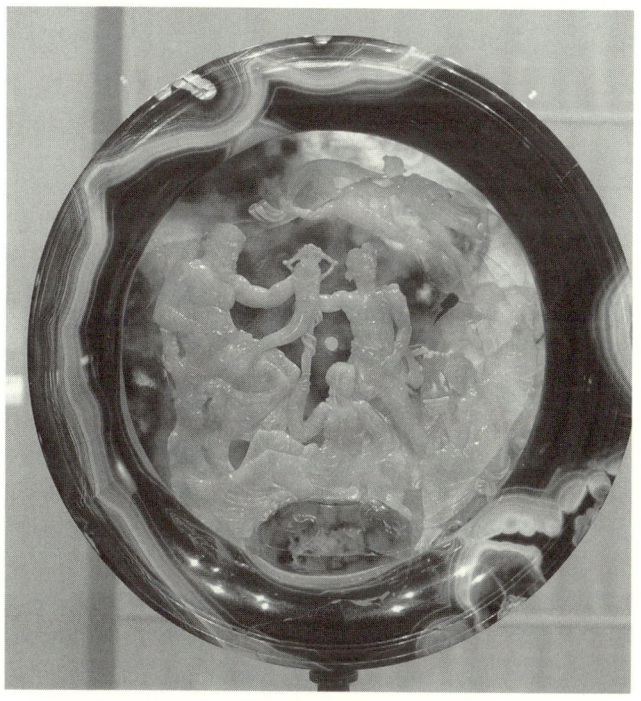

4. *Tazza Farnese*, ónice tallado, 20 cms. diámetro, siglo I a. C., Museo Arqueológico Nacional de Nápoles.

3. ¿Por qué se pintó?

Acton, después de constatar que se han escrito quizás millones de palabras sobre la pintura, señala que se acepta comúnmente que el asunto presentado es mitológico (el nacimiento de Venus): una historia que narra la literatura antigua y la renacentista, de la época en que se pintó. De entrada, no sabemos con certeza qué es lo que Botticelli presenta a quien mira el cuadro, aunque nos atrae su mundo de ensueño. No obstante, podemos intentar penetrar en el contexto filosófico de la época del *Quattrocento*, cuando se hizo, para recuperar su sentido hoy perdido, situar la obra en su momento, y aumentar su valor para nosotros.

Por su parte, Gombrich escribe que es muy difícil reconstruir los vínculos que se dieron entre la obra y el pensamiento que prevalecía en los círculos intelectuales y sociales en los que el pintor se movía y que informaron la creación de su cuadro; va más allá, para afirmar que el intento de establecer su programa pictórico será siempre una aventura precaria.

Con gran sensibilidad, Seznec considera que los intérpretes actuales han complicado la comprensión de la pintura, con el pretexto de ir al fondo. Ya en el momento de su creación, alrededor de Botticelli, había un enjambre de clientes, amigos, personas cultas, pedantes, y demás, todos ellos intoxicados de Antigüedad; uno recordaba un verso de Homero, otro de Ovidio, un pasaje de Platón o de Proclo, aquel otro una poesía de Poliziano. Botticelli había de escucharlos a todos, abierto a todas las influencias, dócil a todas las impresiones, seguidor de Alberti y lector de Dante. El artista tuvo que armonizar todas estas ideas e intenciones, a menudo divergentes, dando forma a toda esa erudición tan diversa. Nuevamente aquí, se ve ese cúmulo caleidoscópico de informaciones bien distintas que encontrarían, armoniosamente, por el genio sintetizador del artista, su lugar en el cuadro.

Además, Von Balthasar nota que ya Boccaccio, en el siglo XIII, escribía fábulas, historias con una moraleja, haciendo una síntesis entre tópicos clásicos y cristianos; estas narraciones imitarían las parábolas de Jesús en el Evangelio, en las que el argumento está siempre en función de la doctrina religiosa.

Esta práctica será aprovechada por el artista. Las obras mitológicas de Botticelli, con *El Nacimiento de Venus*, no son originales en su argumento y presentan fábulas, historias que trascienden su trama para enseñar alguna lección, aquí filosófica.

Ya Platón, en la *República* (377c), dice que los mitos o fábulas (esto es, las historias que sirven para explicar el origen y ritmos del mundo o algún hecho sagrado fundamental) sirven para educar a los niños: *Comencemos, pues, ante todo por vigilar a los forjadores de fábulas. Escojamos las convenientes y desechemos las demás. En seguida comprometeremos a las nodrizas y a las madres a que entretengan a sus niños con las que se escojan, y formen así sus almas con más cuidado aún que el que ponen para formar sus cuerpos* (Platón, *Obras Completas*, vol. VII, p. 134).

Todavía (401d), Platón parece prever la intervención de un pintor como Botticelli que exprese plásticamente la belleza:

¿Nos interesa, por el contrario, buscar artistas hábiles, capaces de seguir la huella de la naturaleza de lo bello y de lo gracioso, a fin de que nuestros jóvenes, educados en medio de sus obras como en una atmósfera pura y sana, reciban sin cesar saludables impresiones por los ojos y por los oídos, y que desde la infancia se vean insensiblemente conducidos a imitar y amar lo bello, y a establecer entre esto y ellos mismos un perfecto acuerdo? (Platón, *Obras Completas*, vol. VII, pp. 172-173).

Como en Florencia, cuando se pintó el *Nacimiento*, había muchos que eran contrarios al Humanismo y al reconocimiento que se daba a Platón, se tomaron precauciones: la doctrina quedaba oculta tras la trama de la fábula mitológica, tan visual; tan sólo un grupo selecto tenía acceso a la clave profunda de las obras, como medida de protección del Humanismo, que había quebrado el monopolio de una cultura hasta entonces rotunda y exclusivamente religiosa, muy condicionada por el pensamiento escolástico. Así, hay dos planos de significado superpuestos, como mostraré.

En esa época de fines del XV, se vuelven a leer con una nueva atención los textos clásicos que se conocían; a la vez, llegaron obras nuevas, como los *Diálogos*, de Platón, y diferentes comentarios de éstos, de Proclo y Plotino. Para conseguirlas, los Médicis habían enviado, después de la caída de Bizancio (1453), a Janos Láscaris (1445-1534), griego de noble cuna, para que comprara manuscritos antiguos con nuevos títulos, llegando a hacer dos viajes con este propósito; para conservar estos libros, y otros, Lorenzo fundó en Florencia la Biblioteca Laurenciana (1524-1571), proyectada por Miguel Ángel (1475-1564).

La referencia a los textos, antiguos y del siglo XV, permite contextualizar el cuadro. El primer autor que da referencias del nacimiento de Venus es Hesíodo (s. VII a. de C.), uno de los más antiguos escritores griegos; en la *Teogonía*, nos explica como fue el nacimiento de Venus: *Cuando Cronos* (dios del Tiempo) *mutiló a Urano* (dios del Cielo) *cortándole sus genitales con un cuchillo de sílex, los tiró al mar, y fueron llevados por la corriente; y apareció un círculo de espuma blanca de aquel miembro, y en aquel creció una joven, que fue empujada hacia Chipre, alcanzando su costa una modestamente adorable diosa, y alrededor de sus gráciles pies creció la hierba y los Dioses la llamaron Afrodita, y también los Humanos.*

En 1893, Aby Warburg (1866-1929) publicó su análisis del *Nacimiento de Venus* y de *La Primavera* de Botticelli, que tuvo un gran impacto en los círculos de Historia del Arte; fue una de las primeras interpretaciones que han tenido los cuadros; después, han venido muchas más.

Warburg considera que un muy antiguo poema griego (del siglo VII a. de C.), atribuido sin mucho fundamento a Homero (s. VIII a. de C.), sería la fuente básica del cuadro, tomando las mismas ideas de Hesíodo; es el *Segundo Himno Homérico a Afrodita*, y dice: *Cantaré a la venerada y hermosa Afrodita, a quien se adjudicaron las ciudadelas todas de la marítima Chipre, adonde el fuerte y húmedo soplo del Céfiro la llevó por las olas del estruendoso mar entre blanda espuma; las Horas* (seres divinos que gobiernan las estaciones del año), *ataviadas con vendas de oro, recibiéron- la alegremente y la cubrieron con divinales vestiduras* (trad. de Lluis Segalà Estalella).

Afrodita (*aphros*, en griego, significa *espuma*) es otro nombre para Venus, porque, como se ha visto, nació de la espuma del mar. La llamada Venus Urania, hija de Urano, nacida de su esperma, no tiene madre, y es madre de todo el mundo material. La reciben las *Horas*, divinidades que llevaban unos vestidos muy amplios y con vuelos (en el cuadro reducidas a una).

Este poema fue retomado por Poliziano (1454-1494), poeta florentino del círculo de Lorenzo de Médicis, y amigo de Marsilio Ficino. Efectivamente, en el libro primero de sus *Stanze* (99-101) (en castellano, *estrofa*), hay imágenes que podrían ser referencias compartidas en el cuadro. Estos poemas fueron elaborados en la época en que se pintó el *Nacimiento*, incluidos los años entre 1484 y 1486; serían recitados privadamente en su círculo personal, en el que participaría Ficino, quien los haría llegar a Botticelli, y publicados en 1494; allí hay unos versos que desarrollan la historia del *Himno Homérico*:

(99) *En el airado Egeo, acoge Tetis*
el miembro genital dentro del seno
que, en el vario girar de los planetas,
vagar se ve en las olas entre espumas.
Nacida allí, y en actitud graciosa,
de rostro una doncella no humano
se ve avanzar -y el cielo se complace-
sobre una concha que los vientos guían.

(100) *Reales se dirían mar y espuma,*
real la concha y el soplar del viento
y el fulgurar de los divinos ojos
y el cielo y elementos que le ríen.
Danzan las blancas Horas en la arena
y el viento sus cabellos alborota; (…)

(101) *Y aún jurarías que del mar salía*
la diosa, sus cabellos sujetando
con la diestra y, con la izquierda, el seno;
y que, bajo su pie sacro y divino,
la arena revistieran hierba y flores
y, alegre y peregrino su semblante,
tres ninfas la acogieran en su grupo
y con un manto de estrellas la cubrieran.
(Trad. de Félix Fernández Murga).

Así pues, Poliziano, con su imagen poética, dice que el movido Mar Egeo (en las costas de Grecia) recibe el pene y semen de Urano, que Tetis (la diosa del Mar) acoge; el miembro flota entre el agua batida hasta formar espuma blanca, en una acción dinámica, y de fuerte sentido sexual (*afrodisíaco* es aquello que lleva a la plenitud erótica), apenas velado por el mito.

De ahí nace una joven, ya del todo maravillosamente formada, muy hermosa; se ha posado en una concha, empujada por el soplo apasionado de los vientos que la llevan hacia la orilla florida (de la isla de Chipre), donde es acogida y recibe un manto que la cubre. El viento le revuelve su larga cabellera, mientras los sujeta con una mano e intenta cubrirse el pecho con la otra. El poeta lo siente todo muy real, mar, espuma, concha y viento. La diosa está a punto de poner el pie en tierra que verdea de vegetación, mientras unas jóvenes (las *Horas*) la están esperando, que en el cuadro quedan reducidas a una. En un detalle muy significativo para la pintura, el poema añade que los *elementos* (las partes del mundo: Fuego, Tierra, Agua y Aire) le son muy favorables.

Este asunto del Nacimiento de Venus era muy popular entre los escritores y artistas latinos. Otra vez, Gombrich, por ejemplo, nos da una referencia distinta que pudieran haber conocido los Humanistas del círculo de los Médicis, con Ficino y Poliziano como sus voces más atendidas; se trata del *Asno de Oro* (o *Las Metamorfosis*), novela de Apuleyo (ca. 123-ca. 180), donde también se describe la llegada de Venus a la costa de Chipre: *He aquí aquella divina cara alzando su gesto honrado, salió de medio de la mar, y en saliendo, poco a poco su luciente figura, ya que toda estaba fuera del agua, pareció que se puso delante mí: de la cual su maravillosa imagen yo me esforzaré de contar, si el defecto de la habla humana me diere para ello facultad o si su divinidad me administrare abundantemente copia de facundia para poderlo decir. Primeramente ella tenía los cabellos muy largos, derramados por el divino cuello y que le cubrían las espaldas* (l. XI, c. 1, 3, trad. de Diego López de Cortegana).

Para Warburg los versos de Poliziano son la fuente de inspiración del cuadro, habiendo cambiado el poeta y Botticelli tan sólo el lado de los brazos de Venus. Añade que los modelos del cuadro expresan gran dinamismo, siendo éste un rasgo estilístico propio de las obras de la Antigüedad Clásica, para así alinear su forma de pintar, en el *Quattrocento*, con el Arte de Griegos y Romanos; al respecto, hay que tener en cuenta los personajes de la *Tazza Farnese* ya citada (figura 6), presentados en palpitante movimiento, que era entonces propiedad de los Médicis.

Por otra parte, Warburg presenta el cuadro como una *paráfrasis*, que es un recurso expresivo para explicar con claridad asequible algo difícil: se trata de una historia compleja que Botticelli sabe expresar de modo comprensible.

Seguidamente, presento ahora otras ideas, vivas en la época, que pueden ponerse en relación con el cuadro: el concepto (en italiano dicen *concetto*), y la *écfrasis*.

El *concepto* (o *inventio*) es la idea o sinopsis (esquema) que el cuadro presenta; ya he dicho que para Warburg saldría de los versos de Poliziano. Por su parte, la *écfrasis* es un recurso que usan los oradores para presentar en un medio expresivo (en su caso, el discurso), algo que ha sucedido antes y que se plasmó en otro lenguaje; por ejemplo, una historia, bien real o narrada mediante la pintura o escultura, y a la que un orador se refiere de palabra. En la Antigüedad se practicó mucho, nos han llegado ejemplos literarios, y volvió a ponerse de moda en el Renacimiento. En este sentido, Botticelli pintó *La Calumnia* (1495), queriendo recobrar un cuadro hoy perdido, del gran pintor griego Apeles (352 a. C-308 a. C.), del que había descripciones de escritores antiguos.

También, el mismo Apeles había pintado el nacimiento de Venus, creando una obra célebre que Plinio el Viejo describió (*Historia Natural*, XXXV, 91). Han llegado hasta hoy algunas pinturas murales romanas que presentarían supuestamente versiones de ese cuadro, como la *Venus Anadiómena*, de la *Casa de Venus*, en Pompeya, datada en el siglo I (lám. V^c). Para los humanistas, la lectura de Plinio pudiera ser un estímulo intentando recrear la célebre y perdida pintura.

De este modo, *El Nacimiento de Venus* podría ser una écfrasis de los versos de Poliziano, y antes de Homero, Hesíodo y otros, transponiendo en imagen lo que se había expresado primero en las palabras del poema.

Así pues, es plausible considerar esos variados textos, especialmente los versos de Poliziano, como la fuente, el contexto literario, que Botticelli toma para componer su cuadro. Hasta aquí hay una primera capa de significado, que nos permite recuperar parte de los argumentos del cuadro de base mitológica y literaria; pero aún hay otra, y que presentaré a continuación, a partir de mi ensayo relacionado en la Bibliografía: es filosófica, y la articuló Marsilio Ficino, el principal asesor de Botticelli.

4. Fuentes platónicas

Hay que tener en cuenta que Ficino, además de traducir Platón al latín, la *lingua franca* de las personas educadas de la época, escribió comentarios que precedían cada una de sus versiones de los *Diálogos* del filósofo. Allí, se expresan ideas que aparecen en el cuadro, como Gombrich ya ha señalado.

Así, en el *Comentario al Filebo*, diálogo que trata sobre el placer, de 1469, se refiere a Venus, que tiene dos manifestaciones personales mediante dos mujeres: una dedicada a las cosas del espíritu, que llama *Venus Celestial* (también conocida como *Púdica*, porque se la presenta vestida); la otra es la madre de las cosas materiales, y la llama *Pandemia* (que quiere decir, *de todo el pueblo*), *Urania* (puesto que nace de la esperma de Urano), sin madre y madre ella misma de todo, o *Vulgar*: su actividad se da solamente en aquello material, que cambia, envejece y muere, sin la estabilidad de las cosas del espíritu. Las dos Venus crean la Belleza, cada una a su modo, en el alma o material, generándola (*genitrix*) en la materia; la del cuadro es la Pandemia.

Además, Ficino conoce la *Teogonía*, de Hesíodo, y también recoge el mito del nacimiento de Venus, presentándolo así: *Cuando Saturno castró al Cielo* (la bóveda celeste, dominio de Urano) *y tiró los testículos al mar, de éstos y la espuma turbulenta nació Venus*. Después escribe enrevesadamente que esta historia ha de entenderse *referida a la fer-tilidad de crear todas las cosas, que yace escondida en un pri-mer principio; éste sostiene la gloria de las cosas sensibles en la materia, llevándola hacia las cosas bajas* (*Comentario del Filebo*, c. 11, pp. 138-139). Así pues, Ficino considera la Venus del Nacimiento, como la madre de la materia.

Precisamente, en el *Timeo*, diálogo de Platón que trata de la Naturaleza (31b-32d), se describe la creación del mundo material por parte de su Creador; hay que tener en cuenta que antes de la Revolución Científica (en el siglo XVII) éste se consideraba formado por cuatro elementos: *El cuerpo del mundo, habiendo comenzado a existir, es necesariamente visible y tangible. Es visible, luego se compone de fuego; es tangible, luego se compone de tierra. Pero dos cosas no pue-den estar unidas sino mediante una tercera, que les sirve de término medio, y si estas dos cosas deben formar un sólido, no pueden estar unidas sino por dos términos medios. Fue, por lo tanto, indispensable colocar el agua y el aire entre la tierra y el fuego. De suerte que el cuerpo del mundo com-prende estos cuatro cuerpos particulares. Los comprende en su totalidad. No se trata del fuego, de la tierra, del aire, del agua, sino de todo el fuego, de toda la tierra, de toda el agua, de todo el aire. Fuera de él no hay nada. A esto debe el ser completo, el ser único; y a esto debe también el verse libre de enfermedades, de la ancianidad, de la muerte; porque nada exterior puede obrar sobre él, para alterarlo o disolverlo.*

Esta versión del texto platónico es de Patricio de Azcárate (1800-1886), traduciéndolo al castellano, y publicándolo en 1871-1872 (Platón, *Obras Completas*, vol. 6, p. 132), directamente de la versión latina de Ficino y nos acerca a la comprensión que éste alcanzó del pensamiento platónico.

Éste es el asunto del *Nacimiento de Venus*, de Botticelli, más allá de la historia mitológica, y llegando a la filosofía de Platón.

Además, el pasaje presenta el *camino medio*, que es el concepto esencial del pensamiento de Marsilio Ficino: donde hay extremos es necesaria la presencia de intermediarios para conciliarlos y mantener la unidad; agua y aire actúan de mediadores entre la tierra y el fuego, para preservar la unidad del mundo.

Ahora, presentaré como Botticelli articula visualmente el concepto filosófico.

5. Los Cuatro Elementos

El *esqueleto conceptual* del *Nacimiento de Venus* se superpone a otro *estructural,* mostrando ambos tres elementos gravitando alrededor del cuarto (figura 5). Así, los cuatro están separados entre sí y son opuestos; como Ficino dijo en la *Teología Platónica* (publicada en 1482), *el Alma del Mundo tiene un cuerpo compuesto de los cuatro elementos*

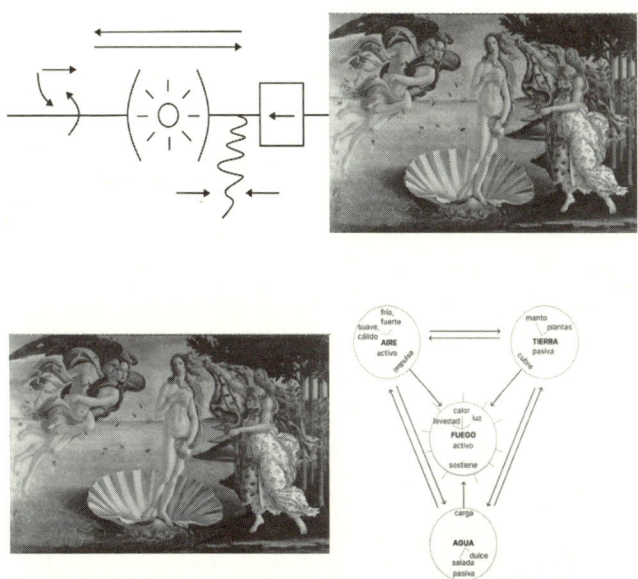

5. Esqueletos estructural y conceptual del *Nacimiento de Venus*.
El *esqueleto estructural* (arriba) expresa la configuración de las
fuerzas visuales que determinan el carácter del objeto visual.
El *esqueleto conceptual* (Arnheim lo llama *concepto representacio-
nal*) proporciona el equivalente, en un medio artístico particular
(pintura, escultura…), de las ideas que el creador quiere presentar,
manifestándolas en su obra. Ambos conceptos son complementa-
rios, como cara y cruz en una moneda. Aparecen en la Psicología de
la *Gestalt* (configuración), en Austria y Alemania, a principios del s.
XX; Rudolf Arnheim los presenta en su libro *Arte y Percepción
Visual*.

43

mutuamente opuestos (vol. 5, l. XVI, c. VII, n. 2, p. 288). Así, los tres Elementos (Tierra, Aire y Agua) se relacionan entre sí y alrededor del cuarto, el Fuego; se muestran en una disposición opuesta, cada uno con características específicas.

Por otra parte, en una de sus cartas, a Piero Vanni y dos amigos más (hacia 1473), Ficino dice que, en su casa, tiene una *pintura del mundo presentado como una esfera*; así pues, lo muestra como una forma cerrada y centralizada, similar a la composición de *El Nacimiento de Venus* de Botticelli: *Habéis visto en mi academia una esfera del mundo; a un lado Demócrito riendo, y en el otro Heráclito llorando* (*Cartas*, vol. 1, p. 71).

Además, en el *Comentario al Banquete* de Platón (también conocido como *De Amore*), Ficino se refirió a los Elementos en su interrelación y siguiendo el *Timeo*: *El fuego atrae el aire a través de la participación mutua en su calor, por lo que el aire atrae el agua; agua, tierra; y viceversa, la tierra atrae el agua hacia sí; el agua, el aire; y el aire, el fuego* (III,II, p. 148).

En su *Comentario al Timeo*, el autor seguía insistiendo en esta relación de los Elementos, que señalaré en la pintura: *El flujo de salida y el flujo de entrada siempre ocurren dentro del mundo, y esto hace que el mundo exista. La región terrestre no se transforma de ninguna manera en la región celeste o viceversa. Los elementos se penetran gradualmente entre sí, entremezclándose de esta manera, permitiendo el flujo de salida y entrada dentro de sus respectivas regiones* (c. 7, p. 12).

Más tarde, Ficino reiteró esta relación: *Pero él* (Platón) *pasa a ocuparse de los movimientos y efectos de los elementos; cómo se distinguen los elementos entre sí; cómo se mezclan; los efectos producidos por esta mezcla; y la naturaleza del cambio experimentado por los elementos y por sus combinaciones* (*Comentario al Timeo*, c. 43, p. 95).

En su *Teología Platónica*, Ficino afirmó que los elementos en su estado natural están separados, lo que no es el caso del cuerpo humano, por lo que su relación es muy difícil sin la armonía que poseen en el Universo: *Sin embargo, alguien dirá que el Alma del Mundo tiene un cuerpo compuesto de los cuatro elementos mutuamente opuestos, pero que no se fatiga con el cuidado de él como nuestra alma se fatiga con el cuidado de nuestro cuerpo. Esto es cierto, pero los elementos que son partes del Cuerpo del Mundo no son, a su vez, partes de otros elementos; más bien, son elementos completos. No están fuera de sus ubicaciones naturales, pero todos están dispuestos en orden en sus propias regiones. Por otra parte, los elementos no están en todas partes mutuamente fundidos, sino que permanecen separados en sus propias moradas. No están sujetos a cuerpos externos; porque no hay cuerpo fuera del mundo. El fuego de nuestro cuerpo, por el contrario, no es fuego en su totalidad, sino sólo una parte del fuego mayor; lo mismo ocurre con los otros elementos* (en nosotros).

Por lo tanto, los elementos de este cuerpo nuestro son imperfectos. Están incluso fuera de sus lugares apropiados. Ésta es la razón por la cual el fuego y el aire en nosotros siempre escapan a las regiones más altas, mientras que el agua y la tierra se hunden en las más bajas. Pero es muy difícil perfeccionar las cosas imperfectas, reconciliar los opuestos y retener los cuerpos fuera del lugar natural para ellos. Porque también en nosotros, en cada partícula de nuestro cuerpo, los cuatro elementos se unen pero peleando, con el resultado de que su lucha se desarrolla con gran vehemencia en cualquier parte del cuerpo. Al mismo tiempo, en cualquier parte del mundo, se distribuyen con más paz (vol. 5, l. XVI, c. VII, n. 2, pp. 289-291).

De ese modo, Ficino se refirió a los Elementos utilizando conceptos platónicos que pueden ayudar a comprender la composición de *El Nacimiento de Venus*.

El fuego es el elemento más importante. Ficino envió una carta, entre 1474 y 1481, a Alamanno Donati (1458-1488), titulada *Como es el amor, así es la amistad*, en la que otorgaba al fuego tres cualidades: ilumina, aporta la claridad del día al lugar que se presenta en el cuadro; calienta, por eso se le acerca la Tierra con su manto; y es ligero, ingrávido, como lo es la figura de Venus en el cuadro: *Un único elemento, el fuego, cumple plenamente tres funciones a través de sus tres cualidades. Por su luz resplandece e ilumina; por su ligereza, se eleva rápidamente; por su calor calienta y quema;*

y estas tres cualidades son igualmente activas en cada partí-
cula de fuego (*Cartas*, vol. 5, pp. 81-82).

Ficino también atribuyó estas características al fuego en
la *Teología Platónica*: *Pero, realmente, ¿se diferencian estas*
formas en Dios como lo serían en el camino de la naturale-
za, tal como la luz, el calor, la sequedad y la ligereza lo están
en el fuego? (vol. 1, l. II, c. XI, n. 1, pp. 162-163)

Insistió en otra parte del mismo libro sobre la ligereza, o
espiritualidad, del Fuego: *Tomemos el fuego, por ejemplo.*
Debido a su rareza, se acerca más a la naturaleza del espíri-
tu que los otros elementos. Sin embargo, de todos los ele-
mentos, es el agente más eficaz (vol. 1, l. I, c. II, n. 3, pp. 20-
21). De manera similar, en su *Comentario al Timeo*, una
vez más hizo una declaración análoga: *El fuego... es extre-*
madamente ligero, agudo y de movimiento rápido (c. 42,
p. 136).

Del mismo modo, en otra carta a Calímaco (seudónimo
de Philippo Buonaccorsi (1437-1496), fechada el 15 de
agosto de 1488, titulada *Según Orfeo, todas las cosas deben*
resolverse en fuego, volvió a afirmar la naturaleza primordial
del fuego: *Dicen que Orfeo y otros enseñaron que todas las*
cosas están compuestas de cuatro sustancias materiales
opuestas (elementos), *de las cuales el fuego es la más extensa*
y la más poderosa y, por su movimiento eterno, absorbe gra-
dualmente todas las demás. De este modo, todo debe resolver-
se finalmente por completo en fuego (*Cartas*, vol. 7, p. 76).

Asimismo, en su *Comentario al Timeo*, Ficino también se refirió a la esencia fundamental y central del fuego, alrededor de la cual gravitan los demás, lo que justifica su posición en la pintura de Botticelli: *Recordad que el fuego es el más eficaz de todos los elementos; el agua es más eficaz que la tierra y menos dócil que el aire. Una vez más, el fuego tiene el poder de dividir y penetrar, mientras que el agua siempre tiene el poder de golpear con gran fuerza* (c. 5, p. 7).

En el *Comentario al Banquete* de Platón, Ficino volvió a mencionar la relación que los cuatro elementos observan entre sí, ahora en un sentido amoroso: *Además, todas las partes del fuego se unen libre y recíprocamente, y así con las partes de la tierra, el agua y el aire. Lo mismo sucede con toda clase de animales: los animales de la misma especie se agrupan siempre instintivamente. He aquí un ejemplo del amor por las cosas iguales y semejantes* (III, I, p.148).

Aún hay otras referencias al fuego y la luz en la obra de Ficino: están dotados de una esencia primordial en los *Libros de Mercurio Trismegisto* (que quiere decir, tres veces maestro, también llamado *Opus Hermeticum*); Ficino tradujo la obra al latín (en 1463, publicada en 1471) y fue incluida en su *Opera Omnia*: *En las profundidades, había oscuridad ilimitada, agua y un fino espíritu inteligente, todo existente por poder divino en el caos. Entonces se envió una luz sagrada, y los elementos se solidificaron a partir de la esencia líquida. Mientras todo era ilimitado y sin forma, los elementos ligeros se apartaron a las alturas, y los pesados se cimentaron en la arena húmeda, todos delimitados por el fuego y elevados a lo alto para ser transportados por el espíritu* (III, 1-2, p. 13).

Esta referencia al fuego es un recordatorio de la luz en el *Génesis* (1:2-3). Permite establecer una relación entre la Biblia y la innovadora exégesis platónica que propuso Ficino: *Y la tierra estaba desnuda y vacía, y las tinieblas estaban sobre la faz del abismo; y el Espíritu de Dios se movía sobre las aguas. Y dijo Dios: Sea hecha la luz. Y fue hecha la luz.*

En una religión primitiva, y en la tradición hermética y posición platónica, el fuego es el gran animador, el agente eficaz, afirma Gaston Bachelard (1884-1962). Es verdaderamente el principio activo fundamental que resume todas las acciones de la naturaleza: *El fuego sin el que nada se hace (…) El fuego es el elemento que todo lo anima, a lo que todo debe su ser; que, principio de vida y de muerte, de la existencia y de la nada, actúa por sí mismo y lleva en él la fuerza de actuar. (…) El fuego (…) como contraposición de opuestos. Sólo él es sujeto y objeto. Cuando se va al fondo de un animismo, se encuentra siempre un calorismo. Lo que yo reconozco como vivo, como directamente vivo, es lo que yo reconozco como calor. El calor es la prueba por excelencia de la riqueza y de la permanencia substanciales; sólo él da un sentido inmediato a la intensidad vital, a la intensi-*

dad del ser (*La Psychanalyse du Feu*, Paris, Gallimard, 1989, p. 188).

Ficino también estableció las características de los otros Elementos tal como aparecen en la pintura de Botticelli, siempre con una estructura doble y contradictoria. Además de ser ondulada por el aire, el agua del mar forma espuma junto a Venus en los términos descritos por Ficino, basándose en Hesíodo y otros, para que la diosa emergiera. A la vez, el agua dulce entra en la Tierra por la parte inferior derecha, como se describe en los *Libros de Mercurio Trismegisto*, y se une al *agua dulce lejos del océano y hacia la tierra* (XIII,17, p. 53).

En una carta (1484-1488) a un destinatario desconocido, Ficino declaró que la tierra recibe el calor del fuego en su manto porque es opaco, *para los cuerpos terrestres que no son* (transparentes), (el fuego) *imparte calor antes que la luz* (*Cartas*, 7,63). Ficino consideró a la tierra, también representada otra vez en la pintura por una mujer, como femenina en el *Comentario al Banquete* de Platón, ya que de la tierra es propio el género femenino, *lo femenino de la tierra* (IV, I, p. 154). Al mismo tiempo, el aire es ligero, y sopla contradictoriamente con dos vientos de diferentes naturalezas.

Según escribe Ficino en la *Teología Platónica*, a partir del *Timeo* (49 d-e), los elementos tienen dos partes, la *materia* y la *forma*, que asumen el aspecto propio para cada uno:

Cuando Timeo habla de los elementos, argumenta que tienen dos partes, materia y forma; Y no es por la materia que un elemento se llama fuego o agua, sino por la forma y, por lo tanto, por una parte. De modo que este elemento se llama fuego y aquél agua sólo, por una parte. Pero en realidad este no es fuego, solo inflamado, aquel no es agua, solo húmedo (vol. 3, l. XI, c. VI, n. 6, pp. 302-303).

Además, al referirse a la composición de los Elementos, en su *Comentario* sobre la traducción del Timeo (en la parte anterior al texto de 47e), Ficino también dijo: *Los cuatro elementos no son sus originales, porque antes de los elementos hay materia y, hasta cierto punto, la forma en que se disuelven* (c. 33, p. 132). Al mismo tiempo, en el mismo *Comentario al Timeo*, refiriéndose a 55c, Ficino describió la distribución de las formas a través de los elementos: *La tierra es predominantemente sólida, gruesa e inmóvil. El fuego, por el contrario, es extremadamente ligero o leve, agudo y se mueve rápidamente. Los elementos intermedios tienen cualidades moderadas en comparación con estos dos. Sus formas, algo similares, parecen ser adaptables entre sí* (c. 42, p. 136).

Así, el fuego, en la Venus del cuadro, tiene mechones largos y dorados rojizos, como llamas, y su cuerpo es ligero, como si levitara. El aire, expresado por los vientos, que tienen alas, toma una forma leve, dispuesto en la parte superior de la imagen, y sopla con sus dos fuerzas contradictorias, la del invernal Bóreas, también conocido como Eolo (firmemente), y del primaveral Céfiro (suavemente). Además, sus características son contradictorias: Céfiro de tono *cálido* (con manto marrón) y Bóreas *frío* (azul).

Por su parte, el Agua también se presenta de manera dual y contradictoria: un gran cuerpo en el agua salada del mar y una estrecha corriente de agua dulce en la tierra. Finalmente, también la tierra se expresa doblemente en el paisaje verde y en la mujer; esta última en las plantas de su vestido y en el manto en el que echan raíces (que ella está sosteniendo), y recibirá el calor del Fuego. Esta dualidad se equilibra a través de un vínculo que da una armonía unificadora a la maquinaria de ese mundo, mediante el Amor, como presentaré ahora.

6. La Tercera Esencia

Para Ficino el Amor es la fuerza unificadora que une lo más alto con lo más bajo. En el cuadro de Botticelli cada elemento ocupa su lugar por *Amor*, *fuego* y *aire* arriba, estando la *tierra* y el *agua* a un nivel inferior, según dice Ficino en su *Comentario al Banquete*, de Platón. En él Ficino no sólo traduce al filósofo, sino que también presenta sus ideas sobre el Amor: *El amor atrae a los semejantes entre sí. Cada parte de la tierra, unida por ese amor mutuo,* *se vincula con otras partes de la tierra. Y así, las partes del agua son igualmente llevadas unas con otras y con todo el cuerpo del agua, a un lugar agradable para ellas, en lo bajo. Las partes del aire y del fuego se comportan de la misma manera, y estos dos elementos también son atraídos a una región superior adecuada para ello*s (Banquete, III, II, p. 149). (…) *La unidad preserva cada cosa, que con la dispersión muere* (*Banquete*, III, II, p.150).

En otro lugar de su *Comentario al Banquete* insiste en lo mismo: *Los espíritus hacen girar los cielos y otorgan sus dones a todo lo que está debajo de ellos. Las estrellas esparcen su luz entre los elementos y el fuego atrae el aire a través de la participación en su propio calor. Del mismo modo, el aire atrae al agua, el agua atrae a la tierra y viceversa. La tierra atrae el agua hacia sí, el agua atrae el aire y el aire atrae el fuego* (III, II, p.148).

Ficino acude a la autoridad de Orfeo, personaje mitológico, que, en su *Himno a Eros*, afirma que *el amor tiene las llaves de todo*. Ya con sus propias palabras dice que *el amor es el nudo perpetuo y unificador del mundo, el permanente soporte de sus partes y el firme fundamento de la entera creación* (*Banquete*, III, III, p. 152). Aún, siguiendo en *El Banquete*, insiste en su estilo intrincado que *todas las partes del mundo, exactamente como las partes de un animal particular, están interconectadas y unidas conjuntamente por la naturaleza común que comparten* (*Banquete*, VI, X, pp. 199-200). También se refiere a la posición que ocupan los elementos, que es la que toman en el cuadro: *El fuego es llevado hacia arriba. De forma parecida, el aire también es llevado hacia arriba desde la concavidad del fuego, y la tierra es empujada hacia abajo, hacia las profundidades del centro del mundo. Además, el agua es llevada a su propio lugar (Ibid.).*

Todavía, Ficino enriquece a partir de Proclo (412-483), autor que había traducido al latín, la idea; éste, en su *Comentario al Timeo* de Platón, precisamente refiriéndose a la creación del mundo (32c), dice que *el vínculo del amor está fuertemente cargado de fuego*; además se refiere así a Venus: *El Creador produjo a Venus, para que fuera capaz de iluminar bellamente todas las naturalezas mundanas, con orden, armonía y comunión, Y también produjo al Amor como su acompañante, que es la causa que unifica los conjuntos (The Commentaries of Proclus on the Timaeus of Plato, Londres, 1820, vol. 1, pp. 430-431).*

Así, el *nudo de amor* es el elemento central y unificador (*copula mundi*, unión del mundo).

Los elementos en *El Nacimiento de Venus* de Botticelli también entran en una relación para unirse sólidamente: el aire lanza su aliento sobre el fuego a través de Bóreas para encenderlo y envía el cálido aliento de Céfiro a la tierra para que las semillas germinen; también riza el agua del mar. A su vez, la tierra envía sus flores y polen fecundador al aire y se une con el agua en el río que la surca y en la costa, alternando promontorios y entradas. Por su parte, el agua lanza sus gotas saladas hacia el aire y se une a los demás. El fuego ocupa el lugar central, flotando sobre la cavidad formada por la concha, permitiendo que los demás se beneficien de su calor y luz.

Ficino llama este vínculo *tercera esencia*, adaptando el *término medio* platónico, y se trata de un concepto esencial de su pensamiento, considerado como el alma de las cosas; así, dice en la *Teología Platónica*: *Llamamos alma la tercera y media esencia, como los Platónicos, ya que es el medio de todo y el tercer elemento desde las dos direcciones. Si bajas de Dios, encontrarás el alma al tercer nivel inferior; o al tercer nivel superior si tú subes desde el cuerpo* (vol. 1, l. III, c. II, n. 1, pp. 232-233).

Y añade en su libro: *Debido a que es el medio universal, posee los poderes de todos. Si esto es así, pasa a todos. Y puesto que es el verdadero vínculo de todo en el universo, cuando pasa a algunas cosas, no abandona las otras, sino que llega al interior de los individuos conservando siempre todas las cosas. Puede, con justicia, en consecuencia, ser llamado el centro de la naturaleza, el medio de todo en el universo, la sucesión o cadena del mundo, el talante de todas las cosas, y el nudo y vínculo del mundo. Creo que ya he dicho lo suficiente acerca de la naturaleza de esta tercera esencia. Que es la sede propia del alma racional. Sin embargo, aún podemos*

ver fácilmente esto en la siguiente definición del alma racio-
nal: Es viva, comprende discursivamente y da vida al cuerpo
en el tiempo (l. III, c. II, nn. 6-7, vol. 1, pp. 242-243).

El término *discursivamente* hace referencia a aquella
estructura expresiva formalizada en la que aparecen distintos términos contrapuestos que se relacionan coherente-
mente. Ficino aclara el sentido de esa estructura: *Los dife-*
rentes miembros están tan firmemente cimentados juntos
que se vuelven completamente uno: es consistente y está en
armonía consigo mismo, y no se rompe fácilmente. La natu-
raleza corpórea lo demuestra claramente en la mezcla de los
cuatro elementos, donde la tierra y el fuego, que están muy
separados, están unidos por el aire y el agua. Más aún, debe-
mos postular tal unión de partes en la obra universal de Dios
para que la obra de Dios también sea una (*Teología*
Platónica, vol. 1, l. III, c. II, n. 2, pp. 233-237).

Aún, la tercera esencia une firmemente cosas y criaturas
de diferentes niveles. Así prosigue Ficino en su *Teología*
Platónica, siempre siguiendo el *Timeo*: *Pero la tercera esen-*
cia que se interpone entre ellos se adhiere a lo superior sin
abandonar lo inferior. Por lo tanto, lo superior y lo inferior
están vinculados entre sí. (...) Actúa de la misma manera que
el aire, que es un intermediario entre el fuego y el agua, com-
binándose con el fuego para producir calor y con el agua para
crear humedad... La combinación con el fuego lo mantiene
siempre caliente, con agua, húmedo. En el primer caso, es

alto, vivo y brillante como el fuego. En el segundo, se vuelve torpe como el agua. O mejor dicho, actúa como la luz del Sol; la luz del Sol desciende del Sol al fuego y llena el fuego sin abandonar al Sol. Siempre se aferra al Sol y siempre sirve al fuego. Se mezcla con el aire, pero no se infecta por el contagio del aire. Del mismo modo, la tercera esencia debe aferrarse a las cosas divinas y llenar las cosas mortales. Cuando se adhiere a las cosas sagradas, las conoce porque está espiritualmente unida a ellas, y la unión espiritual engendra conocimiento. Cuando llena los cuerpos, moviéndolos desde adentro, les da vida. Así, es el espejo de las cosas divinas, la vida de las cosas mortales, el vínculo que une a las dos (*Ibid.*).

Siguiendo con el Sol, escribe que se mueve girando en un circuito centralizado: *El movimiento circular sempiterno, pues, es propio de la tercera esencia en la medida en que la esencia se mueve en un círculo alrededor de sí misma* (*Teología Platónica*, vol. 1, l. III, c. II, no. 8, pp. 244-245). La tercera esencia ocupa el centro del mundo, y Ficino la relacionó con el Sol, *como el sol en medio de los planetas: Pero si este centro divino tuviera alguna sede de operación imaginaria o claramente evidente en alguna parte del mundo, reinaría principalmente en medio de las cosas como un rey en medio de una ciudad, el corazón en medio casi del cuerpo, el sol en medio de los planetas. Así, en el sol, es decir, en la tercera y media esencia de las cosas, Dios ha colocado Su tabernáculo* (*Salmo* 18:6-7 Vg.), *un tabernáculo para manifestar Su poder más a menudo* (*Teología Platónica*, vol. 6, l. XVIII, c. III, n. 12, pp. 100-101).

Otra vez, Ficino pone en relación el pensamiento platónico con un texto bíblico que cita, el del Salmo 18: *Puso tabernáculo para el sol; y este, como esposo que sale de su tálamo, se alegra cual gigante para correr el camino. De un extremo de los cielos es su salida,y su curso hasta el término de ellos; y nada hay que se esconda de su calor;* así, acerca Platón al Cristianismo.

Como el Sol, el fuego en *El Nacimiento de Venus*, de Botticelli, ocupa el centro rodeado por los otros tres elementos, dando Ficino una forma cerrada al mundo, y de este modo se muestra en el esqueleto estructural (figura 5).

De forma parecida al Sol, Huizinga (1872-1945) ya había señalado el carácter central, intermedio, del Ser Humano para el Renacimiento, en su libro clásico, como la tercera esencia, que da su sentido a todo.

Pero Ficino trata también más concretamente del fuego, con relación al amor, en su *Comentario al Banquete*, de Platón: *Todas las partes del fuego se cohesionan de buena gana entre ellas. Descendiendo, las partes del aire, del agua y de la tierra y, en cualquier especie animal, los animales de una misma especie siempre se aproximan con mutua familiaridad. De donde resulta el amor entre las cosas iguales y semejantes. Pues ¿quién podrá dudar que el amor no está innato en todo y por todo?* (*Banquete*, III, I, p. 148) Así, la esencia de cada Elemento está también en todas las criaturas.

Resumiendo, hay relación de cada elemento con los otros, como dijo Ficino en el *Comentario al Banquete de Platón* antes citado (III, II): *El fuego atrae el aire a través de la participación mutua en su propio calor, así el aire atrae el agua; agua, tierra; y viceversa, la tierra atrae el agua hacia sí; el agua, el aire; y el aire, el fuego.* Además, en la pintura, el Sol es fuego y a la vez amor (como es Venus) y nudo del mundo. La forma es un triángulo con sus tres partes y un centro en un ámbito cerrado, y la unión la expresión de la tercera esencia: *En el sol, es decir, en la tercera y media esencia de las cosa.* Estas últimas citas, la de la *Teología Platónica* (vol. 6, l. XVIII, c. III, n. 12, pp. 100-101) y la anterior sobre la atracción mutua del *Comentario del Banquete* (III, II), serían las fuentes neoplatónicas esenciales para la estructura de la pintura, expresando la comprensión que tiene Botticelli del pensamiento de Ficino a partir de *Timeo*.

Todavía, falta ver como el mundo se forja en un vaso, que también está en el cuadro, y al que me referiré a continuación.

7. El Vaso Primordial

La presencia de la concha manifiesta un centro, de características divinas; en su *Teología Platónica*, Ficino se refiere primero al Sol y al fuego, y luego a Dios afirmando: *Así, Dios, por su ser, que es una especie de centro muy simple de las cosas, del que parten como unas* [líneas] *rectas todas las otras cosas, inicia con un simple signo todo lo que depende de él* (vol. 1, l. II, c. VIII, n. 2, pp. 146-147); así actúa Dios, como los radios de la concha se expanden a partir de un único punto.

La concha de Venus formalmente es como una cratera, una vasija griega para mezclar allí los vinos que se beberán en una comida (según la costumbre griega), es el depósito y centro primordial; aparece varias veces en la obra de Ficino. Por otra parte, en la versión del *Hermes Trismegisto* de Louis Ménard (1821-1901), distinta de la conocida y traducida por Ficino, incorporando otros textos, el dios dice (IV *El cráter o la mónada*) a su hijo Tat: *El Gran Obrero ha hecho el mundo*, (…) *Ha llenado la Inteligencia un gran cráter y lo ha hecho llevar por un mensajero, ordenándole gritar esto a los corazones de los hombres: Bautizaos, si podéis, en el cráter, aquellos que creéis que volveréis al que lo ha enviado, aquellos que sabéis porqué habéis nacido* (*Los Libros de Hermes...*, Barcelona, Visión Libros, (1866) 1979, pp. 83-84).

Además, la cratera es también la *Tercera Esencia* o sede de las almas: es el asiento del alma y que Platón, en el *Timeo*, llama el cráter de las almas (*animarum pateram*, depósito de las almas). Precisamente el cráter de un volcán, que contiene el fuego, toma su nombre del vaso griego que se llama *cratera* (figura 6).

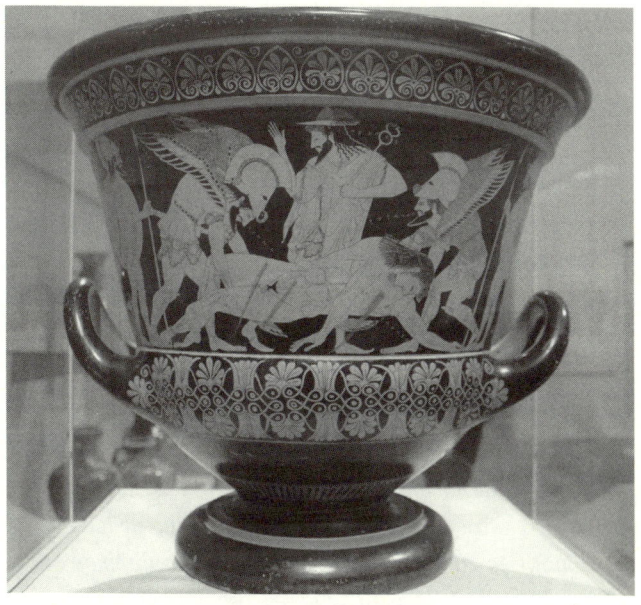

6. Eufronios, *El Sueño y la Muerte se llevan el cuerpo de Sarpedón y Hermes lo ve*, hacia 515 a. de C., cratera, 45,7 alto X 55,1 cm. diámetro, cerámica pintada, Museo de Cerveteri (Italia) (foto Sailko).

En el *Timeo* (41d), Platón señala que los elementos también se han unido en este centro en el que antes se ha mezclado los elementos del alma del mundo: *En la misma copa, donde había compuesto el alma del mundo con la primera mezcla, puso lo que quedaba de los mismos elementos y los mezcló análogamente* (Platón, *Obras Completas*, vol. 6, p. 183). Todavía siguiendo el *Timeo* (41d y particularmente 49a), Ficino, en su *Teología* también llamó a este punto *la sede del alma: La esencia que es la morada del alma, Platón incluso la llama el cuenco del alma en el Timeo* (*animarum pateram*) (vol. 2, l. V, c. V, n. 5, pp. 32-33). En *El Nacimiento de Venus* de Botticelli, este centro podría estar presente en el punto donde los radios de la concha se encuentran y Venus coloca su pie (*un centro universal completamente simple desde donde todo lo demás gira como líneas*) (*Ibid.*), y la concha podría ser el *animarum pateram*, el recipiente primordial en el que se gestan todas las cosas.

Una nota editorial (en la impresión de 1576) al margen de la traducción de Ficino se refiere a su característica ideal: *Observa cómo la materia no tiene forma*; se amplía en el *Timeo* (51 a-b): *Así, esta madre y receptáculo de todo lo que se manifiesta como generado y sensible, no diremos que es tierra, ni aire, ni fuego, ni agua, ni cosa alguna de la que tienen o subsisten: no nos engañaremos si afirmamos que es una especie invisible y sin forma, conducente a la subsistencia de todo en sí mismo, inexplicablemente. Si su naturaleza se concibe a partir de lo dicho anteriormente, sería exacto decir que se convierte en fuego, inflamándose a sí mismo, agua, tomando un estado líquido, tierra y aire, asumiendo estas formas* (Platón, *Obras Completas*, vol. 6, p. 196).

Ficino desarrolló este concepto en su *Comentario al Timeo*: *Ésta será una sustancia sin mezcla de atributos contingentes, una sustancia sin cantidad ni cualidad, sustancia entera e indivisible* (c. 7, p. 11).

También, en el capítulo 35 *Materia y formas materiales*, añadió lo siguiente al presentar su traducción de 50c: *El intelecto divino es el padre del mundo, y la materia es la madre del mundo. La gloria del mundo es la crianza divina en el vientre de la materia. Para que la materia pueda fácilmente tener todas las formas y revelarlas, no ha de tener forma propia* (p. 133).

Por otra parte, en la *Teología Platónica*, Ficino afirmó que esta primera materia es *pura potencia*, y se configura mediante el recipiente de la concha, como se ha dicho anteriormente (vol. 5, l. XV, c. XI, n. 3, pp. 124-125).

Además, la primera materia por sí sola permite que todo exista; solo ella *es puro acto* (vol. 5, l. XV, c. XI, no. 3, pp. 152-153).

De forma diferente, en la *Teología Platónica*, Ficino también relacionó este centro, al que da un carácter solar, con el Fuego y con Dios del cual nacen todas las cosas, comenzando desde un punto que es el vientre (o útero) de las cosas, o el recipiente de la madre: *La acción que proviene del ser no implica esfuerzo ni trabajo. Así, el Sol, con la mayor facilidad, ilumina un número infinito de cosas en cierto modo en un solo acto y, al iluminarlas, las genera. El fuego, con la mayor facilidad, calienta una gran cantidad de cosas. El alma nutre el cuerpo y digiere muchas cosas sin preocupaciones ni trabajo. De este modo, Dios, a través de su ser, un centro de todo completamente simple desde el cual todo lo demás se elabora, como líneas que se proyectan y dividen, con la mayor facilidad y dominio, hace palpitar todo lo que depende de Él* (vol. 1, l. II, c. 8, n. 2, pp. 146-147).

En el *Comentario al Timeo*, Ficino se refirió a la irradiación, aquí de la luz, a partir de un solo punto, indicando el mismo efecto: *Así como dentro del resplandor muchos rayos se originan a partir de un solo rayo de luz* (c. 10, p. 17). Para Ficino, en la *Teología Platónica*, hay una forma a partir de la cual se despliega toda la materia, como en la concha; a partir del punto central del que emanan todos los rayos, se desarrolla toda su superficie, y se produce su cavidad: *Ahora bien, si es cierto el dicho pitagórico, a saber, que por su propio movimiento un punto produce una línea y una línea una superficie; entonces, por un movimiento semejante, finalmente se crea una superficie con profundidad; así, podemos comprender fácilmente que el mismo punto, por su propio movimiento, se extiende total e indivisiblemente en longitud, anchura y profundidad* (vol. 5, l. XV, c. III, n. 2, p. 54).

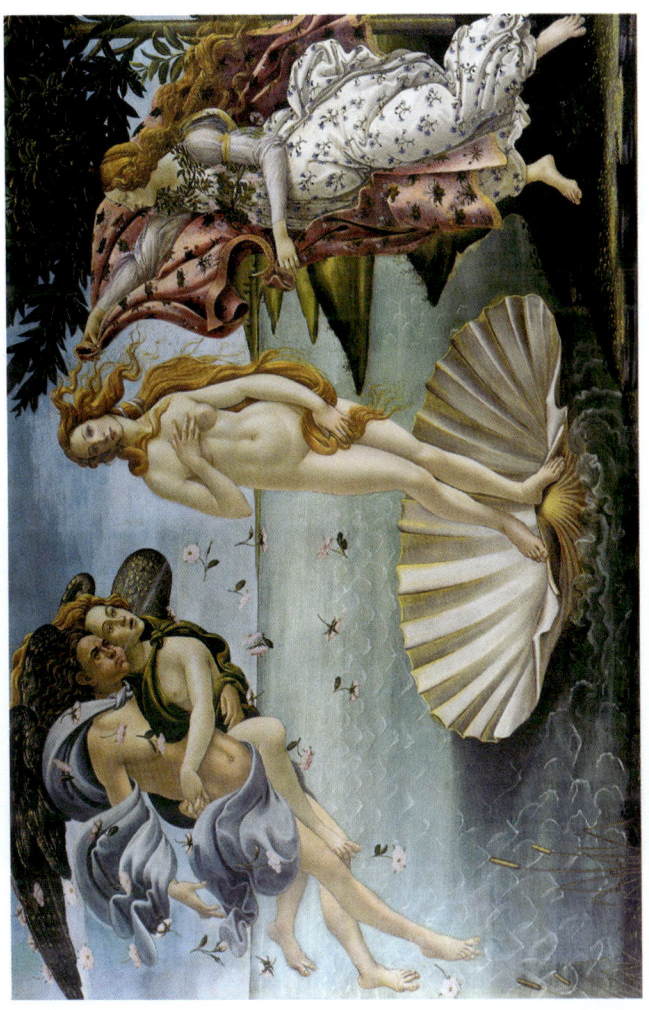

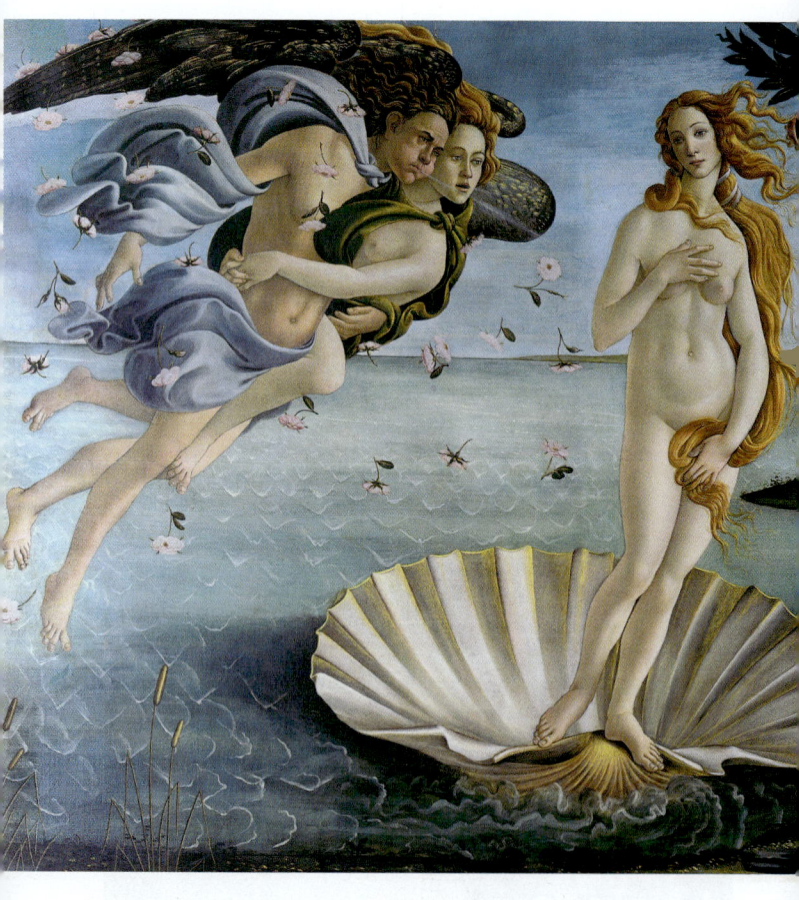

II. Sandro Botticelli, *El Nacimiento de Venus*, c. 1484-1486,
(detalle) temple sobre tela, 172.5 × 278.5 cm,
Galería de los Uffizi, Florencia.

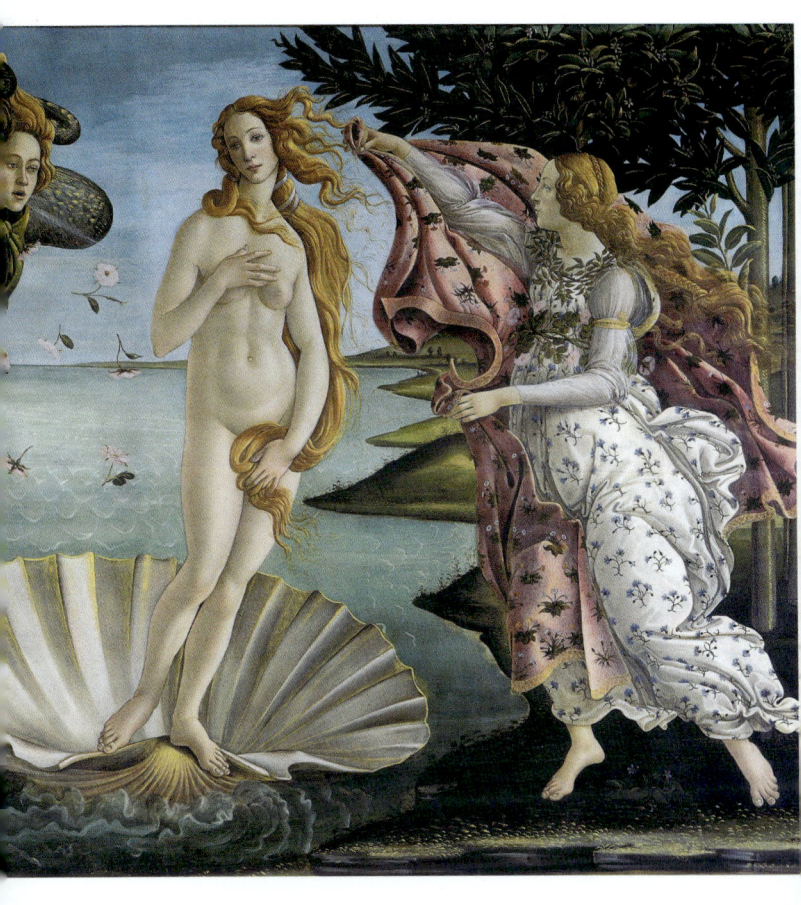

III. Sandro Botticelli, *El Nacimiento de Venus*, c. 1484-1486,
(detalle) temple sobre tela, 172.5 × 278.5 cm,
Galería de los Uffizi, Florencia.

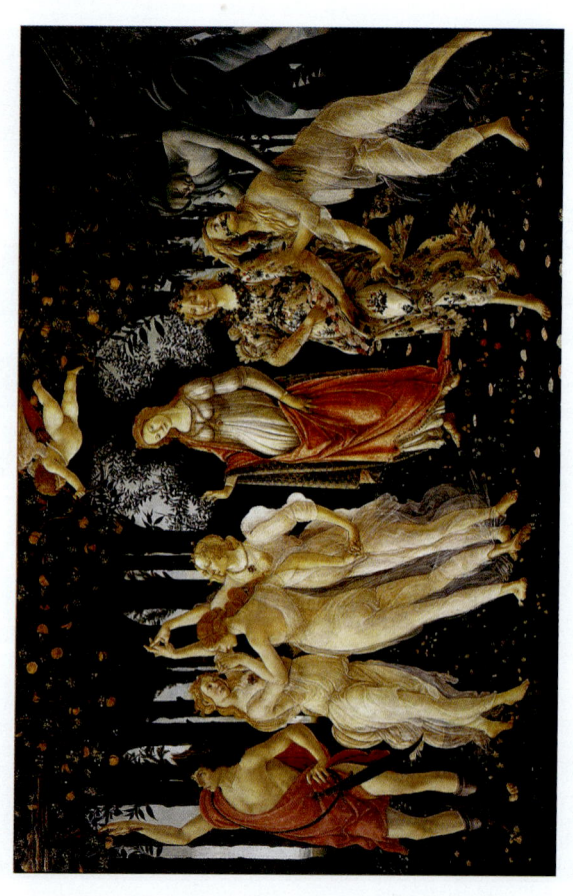

IV. Sandro Botticelli, *La Primavera*, c. 1480,
temple sobre panel, 207 × 319 cm,
Galería de los Uffizi, Florencia.

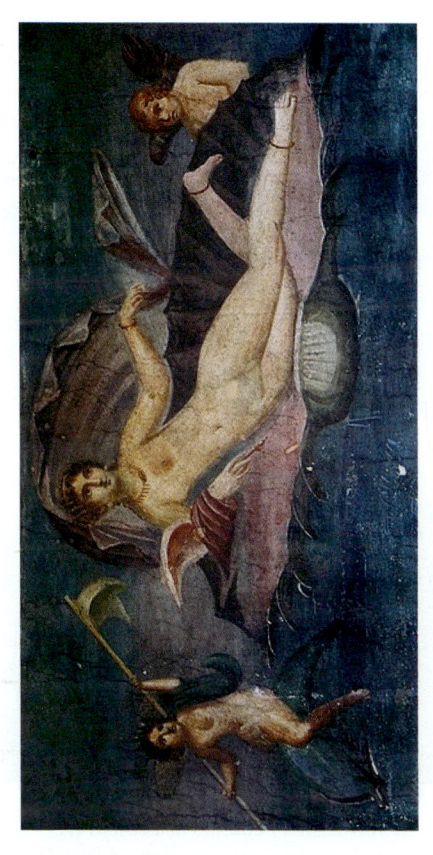

VI. *Venus Anadiómena*, Casa de Venus, siglo I, antes de 79, Pompeya, fresco sobre muro. Venus navega por el mar sobre una concha, acompañada de dos cupidos. Pudiera tomar como modelo una famosa pintura de Apeles.

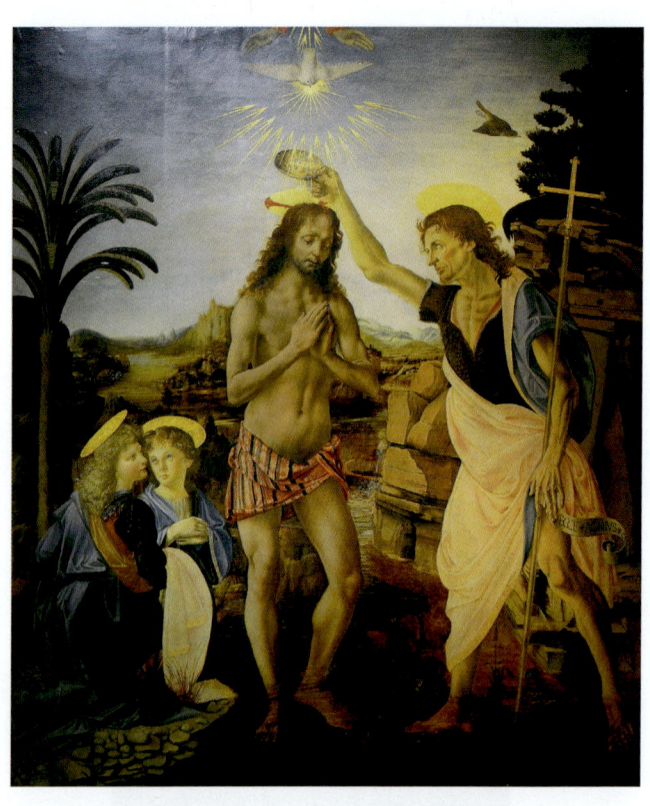

V. Andrea Verrocchio, *Bautismo de Cristo*, 1472-1475, óleo sobre tabla, 177 x 171 cm., Galeria de los Uffizi, Florencia.
Jesús también fue bautizado. Mientras rezaba, el cielo se abrió, y el Espíritu Santo bajó hacia él en forma corporal, como una paloma, y una voz dijo desde el cielo: Tú eres mi Hijo, mi amado; en ti me he complacido. (Lc. 3,21-22).

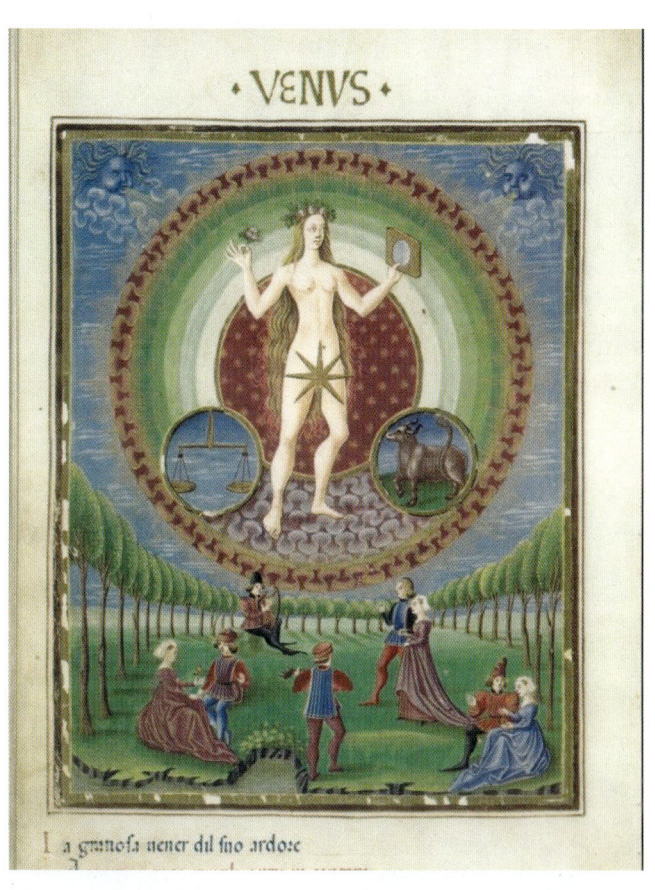

VII. Cristoforo de Predis, *Venus, De Sphaera*,1450-1465, Latín 209, fol. 9 verso, iluminación en pergamino (24.5 cm × 16.4 cm), Biblioteca Estense Universitaria, Módena.

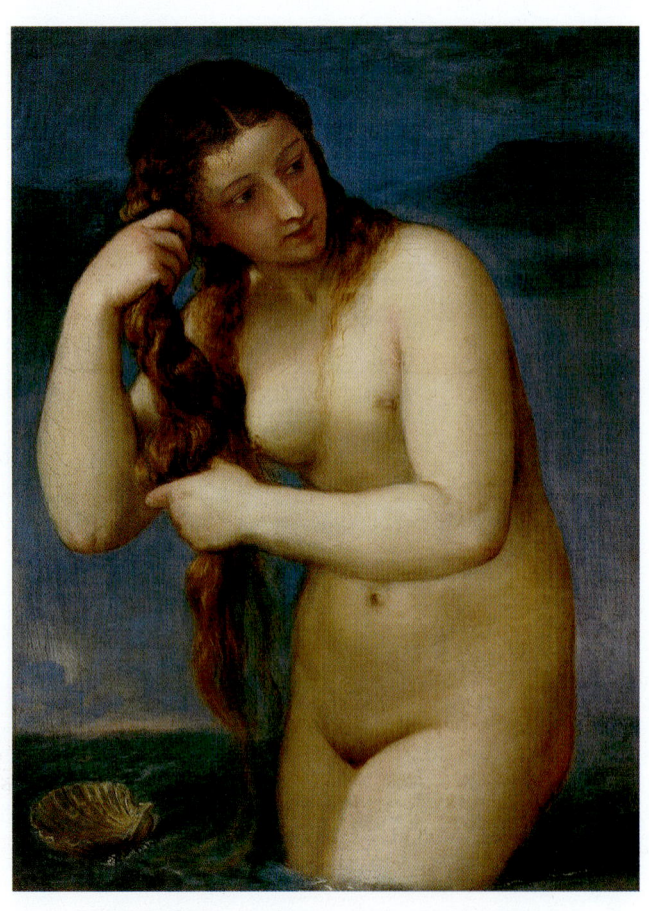

VIII. Tiziano, *Venus Anadiódema*, hacia 1520,
óleo sobre tela, 73,6 x 58,4 cm.,
Galería Nacional de Escocia, Edimburgo.

En la misma *Teología Platónica*, Ficino se refirió a la diversificación de los elementos con más detalle, a partir de la Idea inicial: *La esencia de Dios se encarna en la forma de una sola Idea que abarca todas las demás. A través de ésta, Dios es capaz de contemplar todas las cosas. A medida que este rayo de energía divina se aleja de Dios, se vuelve cada vez más diverso. La Idea se presenta inicialmente a Dios, y luego se revela gradualmente a los ángeles, que pueden ver más y más Ideas. Del mismo modo, una línea que se origina en el centro puede dividirse en múltiples partes o, mejor aún, en la misma forma que el rayo del sol presenta la forma única de la luz en el Sol mismo, pero muchas formas de ella en el fuego, ofrece muchas más formas en el aire y el agua, y en la tierra* (vol. 5, l. XVI, c. 1, n. 12, pp. 238-239).

Pero los elementos también se unen. Así, se diría que la concha es como el cráter o tálamo nupcial en que el fuego consuma su unión con su opuesto que es la tierra, mediante la lava incandescente.

En resumen, Venus es el fuego, la materia original y sin forma, como lo definió Ficino en su *Comentario al Filebo* (c. 11, pp. 138-139) y los demás elementos actúan de acuerdo con él. Incluso, en la *Teología Platónica*, Ficino añadió que *Zoroastro vio esto místicamente: 'Todo nace de un solo fuego'.* (vol. 1, l. II, c. VII, n. 3, pp. 134-135).

Al mismo tiempo, la concha sobre la que se posa es el recipiente primordial, distinto de los Elementos; en él todo se forja, a partir de un simple punto central desde el que irradia la dispersión y la diferenciación de todas las cosas, la *bóveda cóncava del Fuego* (*Teología*, vol. 3, l. X, c. VIII, n. 2, pp. 182-183) Así, Ficino desarrolló este concepto del recipiente primordial a partir del *Timeo*.

La concha es cóncava, es parte de una esfera. Ficino, en su ya citada carta a Vanni y amigos, se había referido al mundo como una esfera cerrada; esta idea recuerda la creación del *antro del mundo*, como se describe en los *Libros del Hermes Trismegisto*, en la versión de Ménard, que Ficino no conoció: *De toda la materia, el Padre hizo el cuerpo del universo, le dio forma esférica, y lo volvió eternamente material. Así, el Padre expandió los atributos en la esfera y los encerró en ella como en un antro* (*Ib.*, pp. 97-98).

A pesar de que el sistema de Ficino es muy conceptual, él continuamente se refería a sus ideas utilizando imágenes para comunicarlas pedagógicamente de manera efectiva, o de forma catequética, como ahora mostraré.

8. Elementos Visuales

Ya he señalado la proximidad compositiva entre el cuadro de Botticelli y otros que presentan el Bautismo de Cristo, especialmente el de Andrea Verrocchio (figura 7). Ambos asuntos hacen referencia a la presencia de un espí-

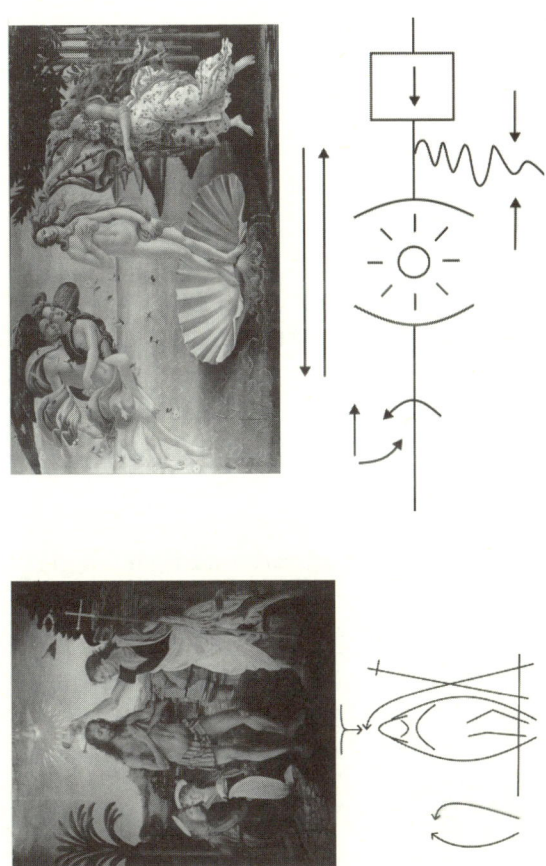

7. Comparación del *Bautismo de Cristo*, de Verrocchio
con *El Nacimiento de Venus*.

ritu divino, y de un momento cardinal, ya por la revelación de la identidad del Mesías, para el *Bautismo*, o manifestación del origen del mundo material, para *El Nacimiento de Venus*. A la vez, ambos comparten la presencia de cuerpos desnudos, en un medio acuático; además, los dos cuadros disponen, a ambos lados, personajes que se relacionan con el central, completando el sentido de la escena.

Así pues, la iconografía del Bautismo puede ser una referencia plausible para establecer el origen de la composición del cuadro; todavía, hay otras circunstancias de carácter visual.

Hay un dominio en el que Ficino mostró su interés por dar forma visual a sus formulaciones conceptuales platónicas, como se muestra en sus diferentes análisis sobre el *Timeo*. En su *Comentario al Timeo*, no así en otros diálogos, utilizó esquemas para aclarar visualmente los conceptos filosóficos que estaba presentando, y aparecen en diferentes capítulos. Son esquemas geométricos. La mayoría ya están en la edición *príinceps*, de 1484, de las *Obras Completas* de Platón, impresa en Florencia, bajo la dirección de Ficino.

Primero, en esa edición de las *Platonis Opera*, de 1484, hay un triángulo metafísico (vol. 2, fol. 189 verso), *sobre los números armónicos que conducen a la composición del alma* (*Timeo*, 48d), que Ficino describió en su correspondiente texto explicativo: *Toma otro triángulo, con 'Esencia' en la cima. Ahora, en el lado donde se pusieron los números pares, que esté 'Infinito', luego 'Diferencia' y 'Movimiento'. Pero en*

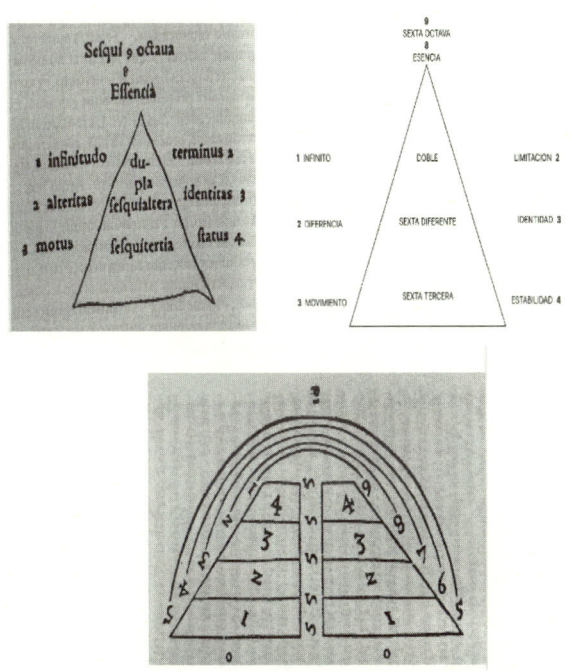

8. Uso del Triángulo por parte de Marsilio Ficino:
Triángulo metafísico, *Platonis Opera*, 1484, vol. 2: fol. 189 verso
(izquierda). Reconstrucción moderna (Ficino, *Commentary on
Timaeus*, p. 186) (derecha). Ficino: *Composición del alma* (*Platonis
Opera*, 1522: fol. cclxxx verso, 2:1451) (centro)

Ficino usa reiteradamente el triángulo, según se aprecia en sus
esquemas platónicos para explicar conceptos del *Timeo*, análogos al
del *Esqueleto Conceptual* que se presenta para *El Nacimiento de Venus*.

el lado donde se mostraban los números impares, que estu-
viera 'Limitación', seguido de 'Identidad' y 'estabilidad';
Todavía hay más conceptos presentes en ese triángulo (sexta
octava, sexta diferente...) (*Comentario al Timeo*, c. 34, pp.
71-73. Figura 8, izquierda y centro).

Junto a su traducción de 35a-36e del *Timeo* de Platón hay
dos diagramas más (uno con un cuadrado con la letra griega lambda (Λ) en su interior, y otro triangular con números, como el descrito anteriormente). También, aparece un
esquema del mundo como una esfera, presentando visualmente los desarrollos de Platón (figura 8) (*Opera Omnia*,
1522, fol. CCXC verso). Además, en la introducción al
capítulo 15 del *Timeo*, Ficino trató de las partes de los cielos en términos que se acercan a ese diagrama del mundo
(Ficino, *Comentario al Timeo*, p. 111). En esta última, si es
de Ficino, o de su entorno, se articula quizás la primera
representación platónica occidental moderna del mundo, a
la que se había referido en la carta que ya he mencionado a
Vanni y otros. A ésta le seguirá una larga serie de representaciones del Universo, de diferentes autores.

Además, en la misma edición de 1522 (fol. CCLXXX
verso), hay un triángulo *sobre la composición del alma* (dis-
cutiendo *Timeo* 43b), que trata de los números, específica-
mente el cinco, relacionados con el diez y otros; como *el
triángulo es como un alma* (*Teología Platónica*, vol. 6, l.
XVII, c. 2, n. 12, p. 23), éstos se distribuyen en una estruc-

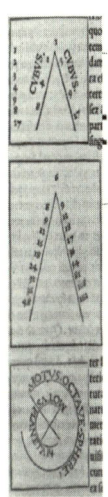

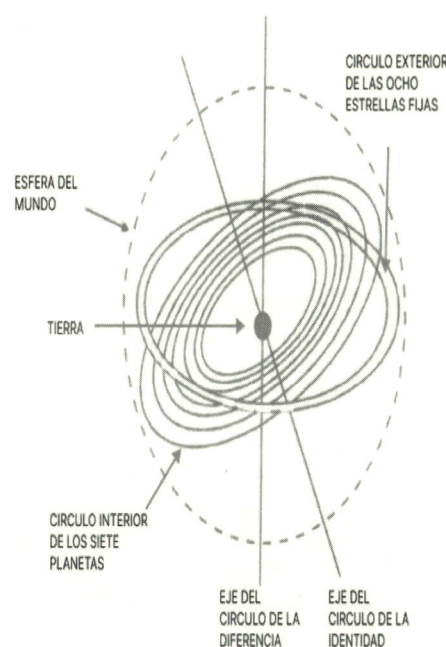

CIRCULO EXTERIOR
DE LAS OCHO
ESTRELLAS FIJAS

ESFERA DEL
MUNDO

TIERRA

CIRCULO INTERIOR
DE LOS SIETE
PLANETAS

EJE DEL
CIRCULO DE LA
DIFERENCIA

EJE DEL
CIRCULO DE LA
IDENTIDAD

9. *Forma del Mundo* (*Timeo*, 36)
(*Platonis Opera*, 1522, fol. ccxc verso).
El Creador encerró los cuatro elementos en una *esfera*; a continuación, partió a lo largo todo el compuesto, y unió las dos mitades
resultantes por el centro, *formando una X*. Colocó un *círculo en el
interior* (con siete planetas, *planetari*) y *otro en el exterior* (con ocho
estrellas (*octave sphere*), y puso *la Tierra en el centro*) ... El Creador
ordenó que los círculos se movieran (*motus*) de manera contraria
uno del otro (cf. *Timeo*, 36).

tura triangular; la mente angélica, por encima del alma, girada en forma circular, se sitúa sobre el triángulo. Todos estos elementos se presentan visualmente en la figura 8, abajo.

En conjunto, estos esquemas muestran claramente el interés de Ficino para dar forma visual a los conceptos, y pueden relacionarse con el esqueleto estructural que he presentado, expresando la composición del mundo material. Así, Ficino habría influido en Botticelli para la estructuración de su pintura, basándose en su comprensión platónica.

Además, el filósofo podría haber visto algunas imágenes que ilustran el origen del mundo, o representaciones de Venus de manuscritos iluminados, por ejemplo, *De Sphaera* (1450-1465, fol. 9 verso), un libro astrológico del *Quattrocento*, algo anterior al *Nacimiento*, hecho en Milán (lám. VII). Ambas imágenes comparten la posición central de Venus, con la presencia de otros elementos que entran en relación con ella, como los vientos.

Aún, en ese mismo libro, hay dibujos cosmológicos de forma circular, como uno que expresa el año con las cuatro estaciones, los cuatro elementos y las edades de la vida humana (fol. 13 verso), otorgándoles propiedades contradictorias a través de calificativos (frio, cálido, húmedo, seco), y una configuración que podría acercarse a la que propongo para la pintura de Botticelli (figura 10).

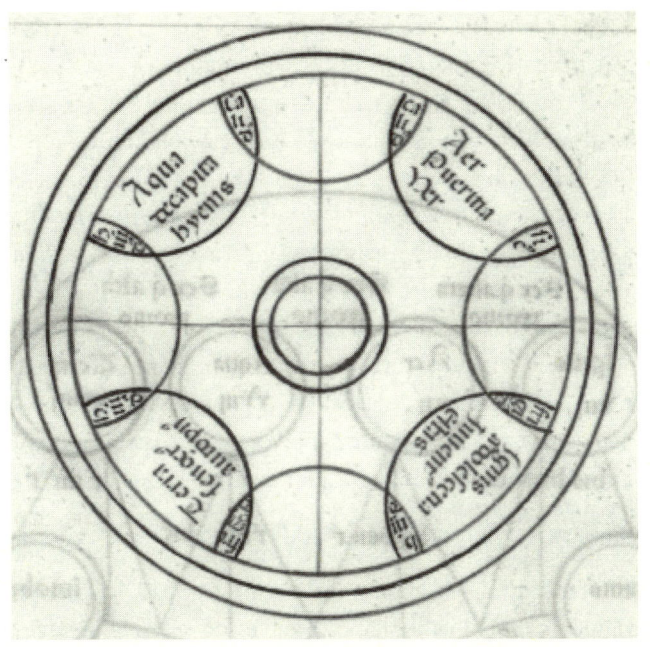

10. *Las cuatro estaciones y los cuatro elementos*, (fol. 13 verso), de *De Sphaera*, folio 13 verso, iluminación en pergamino (24.5 cm × 16.4 cm), Biblioteca Estense Universitaria, Módena (izquierda). Traducción al castellano (derecha).

En este gráfico se muestran los cuatro elementos en relación con las cuatro estaciones, las edades de la vida y sus cualidades. El círculo manifiesta la rueda del año y de la vida, con sus diferentes etapas. Las estaciones se vinculan a los elementos, las edades y las diferentes cualidades de cálido, frío, húmedo y seco; cada cosa se dispone en una organización contrapuesta.

81

Por otra parte, los propios aspectos visuales que se refieren a Venus también aparecen en la famosa carta (1477-1478) de Ficino a Lorenzo Pierfrancesco de Medicis, que podría tener, según Gombrich, una relación con la Venus que Botticelli pintó para la *Primavera* (lám. IV): *Sus ojos son majestad y magnanimidad; sus manos son liberalidad y grandeza en acción; sus pies, dulzura y moderación. Finalmente, todo su ser es armonía e integridad. ¡Oh excelente forma, oh hermosa vista!* (*Cartas*, vol. 4, p. 63).

Todavía, Ficino recurría a menudo a metáforas e imágenes a través de mitos, alegorías y fábulas, a las que llamaba *apólogos* (en latín, *fábula*), para presentar sus ideas, como hace Platón en sus *Diálogos*, por ejemplo el de la *Caverna*, en el Libro VII de *La República*, o el del *Carro Alado*, en el *Fedro* (246a-254e). Esta forma literaria se había practicado en Italia desde la época de Boccaccio (1313-1375). Así, siguió lo que Platón había establecido en *La República* (377c), que los mitos (es decir, las narraciones) sirven al propósito de educar a los niños, aquí los ya jóvenes hermanos Pierfrancesco de Médicis, entrando en su edad adulta, como ya se ha expuesto antes con relación a fábulas y artistas (pp. 31-32).

Al respecto, Warburg propone que la historia, o fábula, de Poliziano es la fuente literaria del *Nacimiento de Venus*. También, ha sido posible, por parte de Gombrich, Wadsworth y Dempsey, llegar a los orígenes de modelos, como Cupido, la Primavera, y Cloris y Eolo, en *La Primavera*, la pintura de Botticelli emparejada con el *Nacimiento*. Además, hay que considerar la tendencia de Ficino en dar una formulación alusiva, con ocultamientos, a sus ideas. A menudo, en sus cartas, dice que teme ser mal interpretado, y por ello la formulación indirecta, mediante una historia, resulta muy conveniente para él. Hay que tener en cuenta que su pensamiento humanista encontraba serias reservas en la estructura intelectual vigente en Florencia, dominada por la Escolástica. Ciertamente había un rechazo a la veneración por la Antigüedad Clásica y la innovación que suponía el desembarco de la filosofía de Platón. Además, eran de temer eventuales denuncias a la Inquisición (que las tuvo, aunque más adelante (1489-1490). Todo ello hace que pudiera elaborar de forma discreta sus propuestas filosóficas y expresivas.

Así, las imágenes ciertamente sirven para presentar las ideas, pero también pueden ocultarlas, siendo entonces sólo comprensibles para aquellos iniciados en el pensamiento neoplatónico, lo que justificaría su gran complejidad, según afirma en muchos lugares Ficino, por ejemplo en el *Banquete*: *Era costumbre de los antiguos teólogos cubrir con las sombras de las figuras sus secretos sagrados y puros, para que no fueran mancillados por los profanos e impuros* (IV, II, p. 67).

9. El retorno a Platón y los cambios religiosos

Ya se ha visto que, en la Italia de Ficino, la llegada del Humanismo, del Neoplatonismo en su vertiente filosófica, no era aceptada por todos. Así, el nuevo pensamiento contaba con el apoyo de los Médicis, los gobernantes de Florencia, y de intelectuales y eclesiásticos de muchas partes de Italia, pero también suscitaba oposición. Ficino escribió un cuento en el que, de forma alusiva, se refería a esta rivalidad, señalando que el atrevimiento y la franqueza era la vía preferible para difundir el Neoplatonismo. Pero también, nos ha dejado testimonios de las dificultades que el nuevo pensamiento encontraba. Hay una carta (de 1484-1488), supuestamente del Rey Juan de Hungría, en la que se rechaza el platonismo defendido por Ficino en su *Teología Platónica* y en sus *Comentarios* a los *Diálogos* de Platón: *En primer lugar, no veo cómo el renacimiento de los autores antiguos es cosa de la Providencia. En segundo lugar, la teología de los antiguos no es cristiana... De hecho, te aconsejo, amigo mío, que procures que tu recuperación de los autores antiguos no sea tal vez mera curiosidad más que verdadera religión* (*Cartas*, Vol. 7, pp. 21-22).

Ficino le respondió con una enérgica defensa de los escritores antiguos y de Platón en una carta titulada *La divina providencia ha decretado la restauración de la antigua enseñanza*, acercando los Antiguos a la experiencia religiosa de su tiempo: *Nuestra restauración de la antigua enseñanza sirve a la divina Providencia. (…) Puesto que la divina Providencia quiere llamar a todos los hombres a sí misma de un modo admirable según su naturaleza individual, sucedió que una cierta filosofía santa nació en tiempos pasados, tanto entre los persas bajo Zoroastro como entre los egipcios bajo Hermes, y sus argumentos fueron aceptados en ambos pueblos. Posteriormente fue cultivada entre los tracios, bajo Orfeo y Agrofemo, y pronto alcanzó la madurez, bajo Pitágoras, entre los pueblos de Grecia e Italia.*

Pero fue gracias al divino Platón en Atenas que finalmente fue llevada a la perfección. Sin embargo, la antigua tradición de los teólogos encubría los misterios divinos en los números y formas de las matemáticas, así como en las imágenes de la poesía. (…)

Su obra requiere tanto traducción como comentario.. (…) Hemos sido elegidos para esta obra por la divina Providencia, así como ellos lo fueron para la suya, para que cuando esta Teología salga a la luz, los poetas detengan la inclusión irreligiosa (profanadora) *de los ritos y misterios de la religión en sus historias* (*Cartas*, Vol. 7: pp. 21-22).

El Humanismo presenta a Platón como un precedente del Cristianismo, y ya había sido muy valorado por la Iglesia de los primeros tiempos; precisamente un autor de esa época muy citado por Ficino es San Agustín que en su libro *La Verdadera Religión* afirma la relación entre el

Platonismo y la Iglesia: *De modo que si estos hombres* (los platónicos) *pudieran vivir sus vidas de nuevo hoy, verían con qué autoridad se toman las mejores medidas para la salvación del hombre, y, con el cambio de unas pocas palabras y sentimientos, se convertirían en cristianos, como lo han hecho muchos platónicos de los últimos tiempos* (iv.7,2).

También, en la *Teología Platónica*, Ficino se refería a la actitud religiosa como una constante histórica, vinculando las diferentes religiones de diferentes épocas y pueblos, más allá de los clásicos, en una continuidad universalista de perspectiva sincretista: *La naturaleza del hombre no ha sido siempre depravada. Y no sólo adoran a Dios los hombres rudos, sino también los astutos y sabios. Los magos de los persas, los sacerdotes egipcios, los profetas hebreos, los filósofos órficos, pitagóricos y platónicos, y los antiguos teólogos de los cristianos lo han demostrado. Es indiscutible que todos ellos sobresalen por su maravillosa sabiduría y su incomparable santidad. Al hablar de la oración, Porfirio dice que en todas las naciones los hombres que más sobresalen en el estudio de la sabiduría se dedican a la oración: entre los indios estaban los brahmanes, entre los persas los magos, y otros semejantes entre los griegos y los caldeos* (vol. 4, l. XIV, c. X, no. 2, vol. 4, pp. 300-301).

El sincretismo unifica pensamientos diferentes, se da en el Neoplatonismo y en diferentes momentos y culturas. Ese carácter sintetizador resulta muy oportuno para la personalidad de Ficino, por sus ya advertidas tendencias calei-doscópicas, poniendo en relación, como se ha visto, cosas muy diversas.

Ese afán sintetizador de Marsilio Ficino quería integrar la antigua religión basada en el culto a la naturaleza (*Deus sive Natura*, Dios como naturaleza), asumida por Platón, con el cristianismo. De este modo, la tendencia intentaba volver a una religiosidad natural cósmica que había sucumbido para la filosofía con los griegos y el cristianismo, en la que el Universo aparece como todo numinoso y los hombres se desarrollan penetrando en su misterio. Esto ha sucedido en muchos momentos en el tiempo, y es característico, según Pikaza, de *la embriaguez cósmica del Renacimiento* (*El Fenómeno religioso*, Madrid, 1999, Trotta, p. 162).

Para Romano Guardini, el concepto de naturaleza en el Renacimiento, como se expresa en *El Nacimiento de Venus* se entiende en términos de *la totalidad de las cosas anterio-res a cualquier acción del hombre sobre ellas... como premisa de la existencia* (Guardini, *El ocaso de la Edad Moderna, Un intento de orientación*, Madrid, 1958, p. 59). También seña-la que a *esta experiencia de la naturaleza se suma la de la Antigüedad. Esto constituye una expresión histórica, pero válida para siempre, de cómo debería ser la existencia huma-na. El concepto de lo clásico como forma cultural, encierra un significado que es análogo a lo que es natural* (*Ibid.*, p. 61). Del mismo modo, Guardini afirma que el *Renaci-*

miento necesita la afirmación de la Antigüedad como medio para separarse de la tradición e independizarse de la Iglesia (*Ibid.*, p. 32).

El movimiento fue rechazado ya que, según Von Balthasar, *la noción de Dios se convierte en una propiedad de la Iglesia, o mejor aún, en una especialidad de los cristianos* (*Dieu et l'Homme d'Aujourd'hui*, París, 1957, Desclée De Brouwer, pp. 128-129).

Todavía, volviendo a Platón, en una carta (1492-1493) al filósofo Pico de la Mirándola (1463-1494), Marsilio Ficino expresa su satisfacción por aproximar la obra de Platón al cristianismo, como si fuera el camino medio, concepto muy importante en el pensamiento del autor: *Mi excelente amigo, me escribes ... que estás instando a muchas personas todos los días, y ya has convencido a algunos, a abandonar la irreligión de Epicuro* (aquellos que sólo buscan su placer) *o a dejar de lado ciertas creencias de Averroes* (que no son acordes a la fe cristiana) *y seguir la visión sagrada de nuestro Platón sobre el alma y Dios. De hecho, a través de este punto de vista, como a través de un camino intermedio, finalmente alcanzarán la piedad cristiana. Saludos, pues, verdadero pescador de hombres. (...) Por supuesto, nuestra red ahora, Mirándola, es la razón platónica, la cual, siempre que se eche correctamente, bajo la verdad cristiana, no se rompe, sino que permanece intacta todo el tiempo que se va llenando. Has leído que en el pasado ningún filósofo, aparte de los seguidores de Platón, ha aceptado la religión cristiana. Por lo tanto, tienes razón al pescar las mentes más grandes para Cristo con redes platónicas, si se me permites llamarlas así* (*Cartas*, Vol. 10, p. 17).

Estas palabras resultan un elaborado comentario sobre el Platonismo y su combinación con el Evangelio, al hacer referencia al pasaje en el que se produce la pesca milagrosa, llenándose la red de peces, y que no se rompió (por ejemplo, *Juan*, 21, 6-11).

A pesar de esta ardiente profesión de platonismo, en el frontispicio que abre la *Teología Platónica*, después de este título, Ficino había anotado que *cualquiera que sea el asunto que discuta, aquí o en cualquier otro lugar, deseo decir solo lo que está aprobado por la Iglesia.*

Refiriéndose a las fuentes clásicas en relación con la doctrina cristiana, los humanistas, al igual que Ficino, presentan una imagen mítica con sentido cristiano. Más tarde, esta novedad iconográfica aplanará el camino al arte profano o secular. Progresivamente, la Pintura ampliará su temática y los asuntos mitológicos, el retrato, la Historia, el paisaje o el bodegón, entre otros, competirán con los religiosos que, más adelante, irán perdiendo el interés de los clientes.

10. Nueva sensibilidad cultural en el *Cinquecento*

Hacia 1520, Tiziano (1488-1576) pintó su versión del nacimiento de Venus, conocida como *Venus Anadiódema* (lám. VIIIᶜ). Su comparación con el cuadro de Botticelli permite ver el extraordinario cambio cultural que se dio en Italia en los 35 años que se llevan los dos, al pasar del *Quattrocento* al *Cinquecento* (siglo XVI).

Resulta que la *Venus* de Botticelli, aunque expresa el mundo material, es una imagen muy conceptual, filosofía para ver, alimento para la mente; en ella, las cosas del mundo sirven para presentar el universo de las ideas; es un cuadro que sólo unos pocos muy cultos pueden entender a fondo y gustar. Por su parte, en la *Venus* de Tiziano celebramos los bienes reales y concretos de este mundo, al alcance de todos. La concha, abajo a la izquierda, es un mero emblema que identifica la modelo como Venus y que sin ella podría asumir otra identidad. Vamos a un arte ciertamente delicado, y también más popular, que encontrará su expresión plena en el Barroco.

La temática ha sido retomada a lo largo del tiempo por muchos artistas, que han ido interpretándola diversamente, pero nunca con la densidad conceptual de Botticelli.

11. Conclusión

El Nacimiento de Venus es una síntesis pedagógica o catequética de elementos muy diversos: visuales (a partir de los
esquemas de composición usados en *El Bautismo de
Cristo*), fábulas de la Antigüedad para explicar el origen del
mundo (en la versión que hace Poliziano), y conceptos
filosóficos platónicos (a partir del *Timeo*). El conjunto articula una imagen de gran originalidad, que tendrá una
influencia duradera en los artistas.

Concretamente, el fuego, personificado en Venus, es el
gran sostén de los demás elementos que se nutren y son
sostenidos por él en una relación circular e íntima. Ficino
desarrolla una concepción del mundo natural y armoniosa
que se expresaría en este cuadro. Venus, es *una divinidad
materna, un espacio (seno materno) del que brota todo. De
ese Mundo nace, en él encuentra sustento y sentido, la existencia de los Humanos* (Pikaza, *Ibid.*, p. 387).

Desde la perspectiva religiosa hay que notar que este rela-
to difiere del dado por la Biblia y la Iglesia, ya que atribuye
la formación de la naturaleza a una obra filosófica de la
Antigüedad clásica, aunque queriendo ponerla al servicio
de la doctrina cristiana.

Para Ficino la imagen contiene un valor simbólico que
vincula la abstracción del concepto (los cuatro elementos)
y su expresión en el cuadro (los modelos visualmente pre-

sentados): no sólo las ideas son expresadas en su identidad (fuego o tierra) sino que, en su formalización, la manifiestan plásticamente (cabellera roja como el fuego o manto que lo cubrirá como capa de la tierra).

De este modo, el rasgo fundamental de *El Nacimiento de Venus* es que da forma a una idea abstracta, recurriendo en la *imagen* a las cosas que hay en el mundo, valiéndose de un mito o alegoría. Aún, se trata de presentar lo invisible mediante la *materia* mundana, precisamente la substancia de esta *Venus Pandemia*.

12. Bibliografía

Este texto está basado en mi ensayo:

Chordá, Frederic, "Neoplatonic Nature of Love. Marsilio Ficino's Sources for Origin of the Universe and the Elements", *Paragone Past and Present* 5 (2024), pp. 1-47.

Las referencias primarias son:

Platón, *Obras Completas*, traducción de Patricio De Azcárate, 10 vols., Madrid: Medina y Navarro Editores, 1871-1872, https://biblioteca-digital.jcyl.es/es/consulta/registro.do?id=22661.

De Marsilio Ficino:

-*Commentary on Plato's Symposium*, traducción de Sears Jayne, Columbia [MO]: University of Missouri, 1944. Hay versión castellana:

-*De Amore, Comentario a El Banquete de Platón*, edición y traducción de Rocío de la Villa Ardura, Madrid, Tecnos, 1986.

-*The 'Philebus' Commentary*, traducción de Michael J.B. Allen, Berkeley [CA]: University of California Press, 1975.

-*The Letters of Marsilio Ficino*, traducción de miembros del Departamento de Lengua de la School of Economic Science, London, 10 vols., London: Shepheard-Walwyn, 1975-2015.

-(como traductor), *Mercurii Trismegisti liber de potestate & sapientia Dei, cui titulus Pimander*, en: Brian Copenhaver (edición y traducción), *Hermetica, The Greek Corpus Hermeticum and the Latin Asclepius*, Cambridge: Cambridge University Press, 1992.

-*Platonic Theology*, edición y traducción de Michael J.B. Allen y James Haskins, 6 vols., Cambridge [MA]: Harvard University Press, 2001-2006.

-*Commentary on Timaeus [All Things Natural, Ficino on Plato's Timaeus]*, traducción y edición de Arthur Farndell, London: Shepheard-Walwyn, 2010.

De autores modernos:

Cheney, Liana, *Quattrocento Neoplatonism and Medici Humanism in Botticelli's Mythological Paintings*, Lanham [MD]: University Press of America, 1985.

Chordá, Frederic, 'El Neoplatonismo de Marsilio Ficino en el Circulo de las Tres Gracias, de "La Primavera" de Botticelli,' in: Alfredo Esteve Martín (coord.), *Historia, Pensamiento y Humanismo Actual, Libro Homenaje al Profesor Federico Martínez Roda*, Valencia: Universidad Católica de Valencia "San Vicente Mártir," 2019, pp. 93-143 y 826-828, https://www.academia.edu/91045830/El_Neoplatonismo_de_Marsilio_Ficino_en_el_Circulo_de_las_Tres_Gracias_de_La_Primavera_de_Botticelli.

Gombrich, Ernst, *Las Mitologías de Botticelli. Estudio sobre el simbolismo neoplatónico de su círculo*, Madrid, Alianza Editorial (1945) 1994, pp. 63-130.

Warburg, Aby, *Sandro Botticelli, Nacimiento de Venus y Primavera*, traducción del alemán de Jürgen Dieffenthal, Madrid, Casimiro, (1893) 2010.